**A relação do desenho com o ensino da arte:
considerações sobre a teoria e a prática**
Elisa Kiyoko Gunzi

Rua Clara Vendramin, 58 · Mossunguê · CEP 81200-170 · Curitiba · PR · Brasil
Fone: (41) 2106-4170 · www.intersaberes.com · editora@intersaberes.com

Conselho editorial
Dr. Alexandre Coutinho Pagliarini
Dr.ª Elena Godoy
Dr. Neri dos Santos
Dr. Ulf Gregor Baranow

Editora-chefe
Lindsay Azambuja

Gerente editorial
Ariadne Nunes Wenger

Assistente editorial
Daniela Viroli Pereira Pinto

Preparação de originais
Palavra Arteira

Capa
Design
Cynthia Burmester do Amaral
Sílvio Gabriel Spannenberg

Imagem
Marharyta Kuzminova/Shutterstock

Imagens da abertura dos capítulos
dreadek/Shutterstock

Projeto gráfico e diagramação
Conduta Design

Iconografia
Vanessa Plugiti Pereira

Dados Internacionais de Catalogação na Publicação (CIP)
(Câmara Brasileira do Livro, SP, Brasil)

Gunzi, Elisa Kiyoko
   A relação do desenho com o ensino da arte: considerações sobre a teoria e a prática/Elisa Kiyoko Gunzi. Curitiba: InterSaberes, 2016. (Série Teoria e Prática das Artes Visuais)
   Bibliografia.
   ISBN 978-85-5972-078-5

   1. Artes – Estudo e ensino 2. Artes – História 3. Desenho – Estudo e ensino I. Título. II. Série.

16-03656   CDD-700.7

Índices para catálogo sistemático:
1. Artes: Estudo e ensino   700.7

1ª edição, 2016.
Foi feito o depósito legal.
Informamos que é de inteira responsabilidade da autora a emissão de conceitos.
Nenhuma parte desta publicação poderá ser reproduzida por qualquer meio ou forma sem a prévia autorização da Editora InterSaberes.
A violação dos direitos autorais é crime estabelecido na Lei n. 9.610/1998 e punido pelo art. 184 do Código Penal.

Sumário

Apresentação 11
Organização didático-pedagógica 13

1. O que é desenho? 17
1.1 Conceitos e características do desenho 20
1.2 A história do desenho: do Renascimento à contemporaneidade ... 38

2. Instrumentos de trabalho no desenho 55
2.1 A diversidade dos materiais para desenhar 57
2.2 Algumas possibilidades de suporte utilizadas no desenho 70

3. Aspectos formais do desenho 87
3.1 O desenho como instrumento gráfico 89
3.2 O desenho como elemento da linguagem visual 102

4. Aspectos processuais do desenho 119
4.1 O desenho como expressão artística bidimensional 121
4.2 O desenho como projeto artístico 136

5. O desenho e a criatividade 157
5.1 Compreendendo a criatividade 159
5.2 A relação entre o desenho e o processo criativo 171

6. O desenho e a educação 185
6.1 O desenho e a criança 187
6.2 O desenho na sala de aula: uma reflexão crítica 198

Considerações finais 219
Referências 221
Bibliografia comentada 229
Respostas 231
Sobre a autora 233

Ao Poder Superior, que segurou minha mão, dando-me força e orientação para realizar este trabalho.
Aos meus pais, Akira e Mariko, e a familiares e amigos que confiaram plenamente em meu trabalho e sempre estiveram ao meu lado nos momentos difíceis.
Ao Ricardo, pelo amor, pela compreensão e pelo incentivo contínuo em minha busca por novos desafios.

Desenhar é um processo curioso, tão interligado ao processo de ver que seria difícil separar os dois. A capacidade de desenhar depende da capacidade de ver como um artista vê – e esta maneira de ver pode enriquecer enormemente a vida de uma pessoa.

(Edwards, 1984, p. 12)

Apresentação

Neste livro, trazemos uma reflexão acerca de alguns aspectos do desenho dos pontos de vista conceitual, formal e poético. Analisamos o papel do desenho em algumas áreas de atuação profissional e educacional, bem como no que se refere ao desenvolvimento do grafismo infantil. Nossa abordagem tem como foco o caráter criativo e artístico do desenho. Desse modo, pretendemos contribuir para a formação do leitor que busca obter conhecimentos em artes visuais e que pretende assumir a carreira docente, como um projeto de vida.

O livro se encontra organizado em seis capítulos. No primeiro, intitulado "O que é desenho?", abordamos aspectos conceituais a respeito dessa temática, baseando nossa discussão nos autores Donis A. Dondis, Mário de Andrade e Edith Derdyk.

No segundo capítulo, "Instrumentos de trabalho no desenho", apresentamos o universo dos materiais gráficos disponíveis para o desenvolvimento e a exploração do desenho, seja na área das artes visuais, seja na área das artes aplicadas. Além disso, examinamos suportes tradicionais e não convencionais usados na execução dessa linguagem gráfica. Como referência teórica, contamos com o apoio de autores como Philip Hallawell.

No capítulo seguinte, "Aspectos formais do desenho", analisamos algumas técnicas tradicionais do desenho, como luz e sombra, bem como sua aplicação nas artes visuais. Nesse capítulo, encontramos subsídio teórico na autora Cecília Salles. Estudamos um pouco os aspectos formais do desenho no que diz respeito aos materiais e às técnicas utilizadas de modo mais convencional.

No quarto capítulo, "Aspectos processuais do desenho", discutimos a linguagem sob o viés da representação da realidade objetiva (mimese) e da expressão artística como esboço ou como trabalho finalizado.

No quinto capítulo, "O desenho e a criatividade", tratamos do conceito de criatividade à luz dos estudos de Todd Lubart em seu livro *Psicologia da criatividade*. Nesse capítulo, relacionamos a linguagem do desenho e suas possibilidades à exploração do aspecto criativo do sujeito/aluno.

Finalmente, no sexto e último capítulo, "O desenho e a educação", tratamos brevemente do desenvolvimento do grafismo infantil, desde a fase inicial do bebê até a idade escolar. Tal conteúdo estará intimamente relacionado com o desenho na sala de aula, mais especificamente na disciplina de Arte.

Além dos autores já mencionados, também contamos com o apoio bibliográfico de outros escritores renomados, que são referências na área de desenho: Fernando Hernández, Heinrich Wölfflin, Ernst Hans Gombrich, Giulio Carlo Argan, Ralph Mayer, Paul Valéry, entre outras referências de grande importância.

Neste livro, você terá contato com várias figuras, que enriquecerão seu estudo, além de atividades diversas para que você possa refletir sobre os assuntos abordados em cada capítulo e apreender os conhecimentos apresentados.

Esperamos que este livro contribua com a construção do seu pensamento artístico, assim como o ajude no planejamento de suas aulas de Arte, caso se torne professor dessa disciplina.

Organização didático-pedagógica

Esta seção tem a finalidade de apresentar os recursos de aprendizagem utilizados no decorrer da obra, de modo a evidenciar os aspectos didático-pedagógicos que nortearam o planejamento do material e como o aluno/leitor pode tirar o melhor proveito dos conteúdos para seu aprendizado.

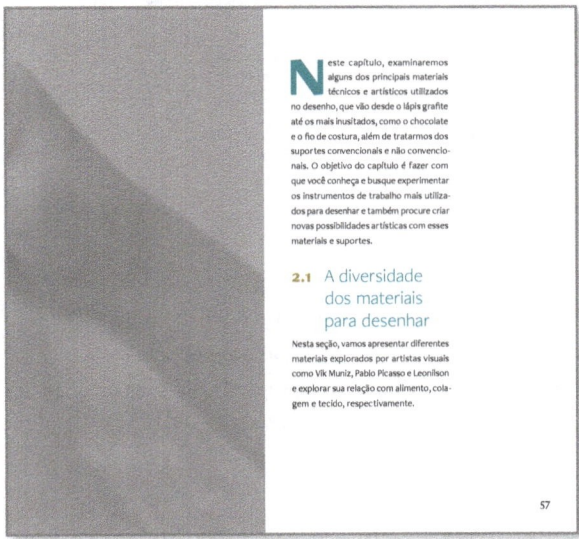

Introdução ao capítulo

Logo na abertura do capítulo, você é informado a respeito dos conteúdos que nele serão abordados, bem como dos objetivos que a autora pretende alcançar.

Síntese

Você conta, nesta seção, com um recurso que o instigará a fazer uma reflexão sobre os conteúdos estudados, de modo a contribuir para que as conclusões a que você chegou sejam reafirmadas ou redefinidas.

Indicações culturais

Ao final do capítulo, a autora oferece algumas indicações de livros, filmes ou *sites* que podem ajudá-lo a refletir sobre os conteúdos estudados e permitir o aprofundamento em seu processo de aprendizagem.

Atividades de autoavaliação

Com essas questões objetivas, você tem a oportunidade de verificar o grau de assimilação dos conceitos examinados, motivando-se a progredir em seus estudos e a se preparar para outras atividades avaliativas.

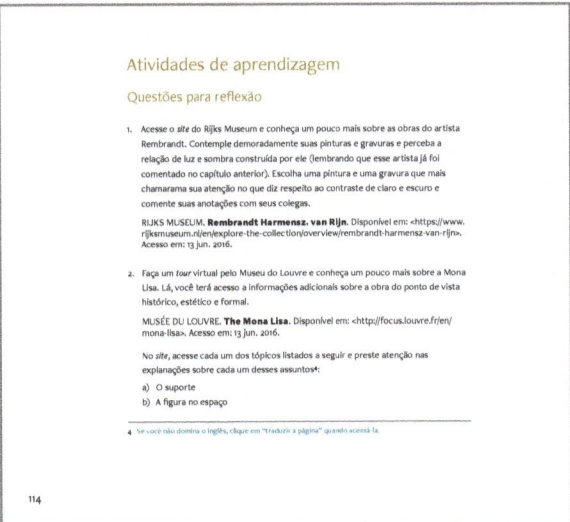

Atividades de aprendizagem

Aqui você dispõe de questões cujo objetivo é levá-lo a analisar criticamente determinado assunto e aproximar conhecimentos teóricos e práticos.

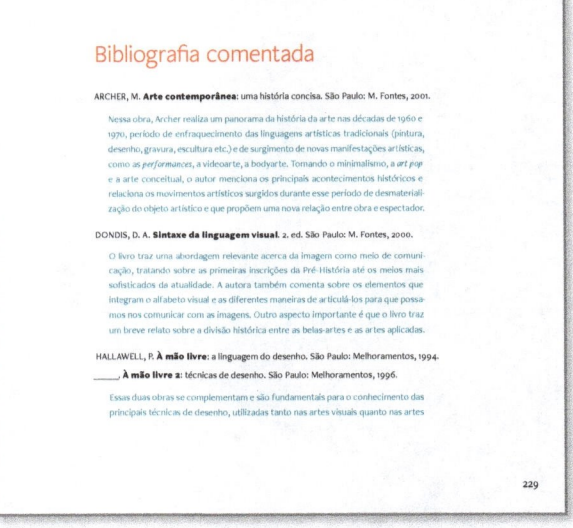

Bibliografia comentada

Nessa seção, você encontra comentários acerca de algumas obras de referência para o estudo dos temas examinados.

O que é desenho?

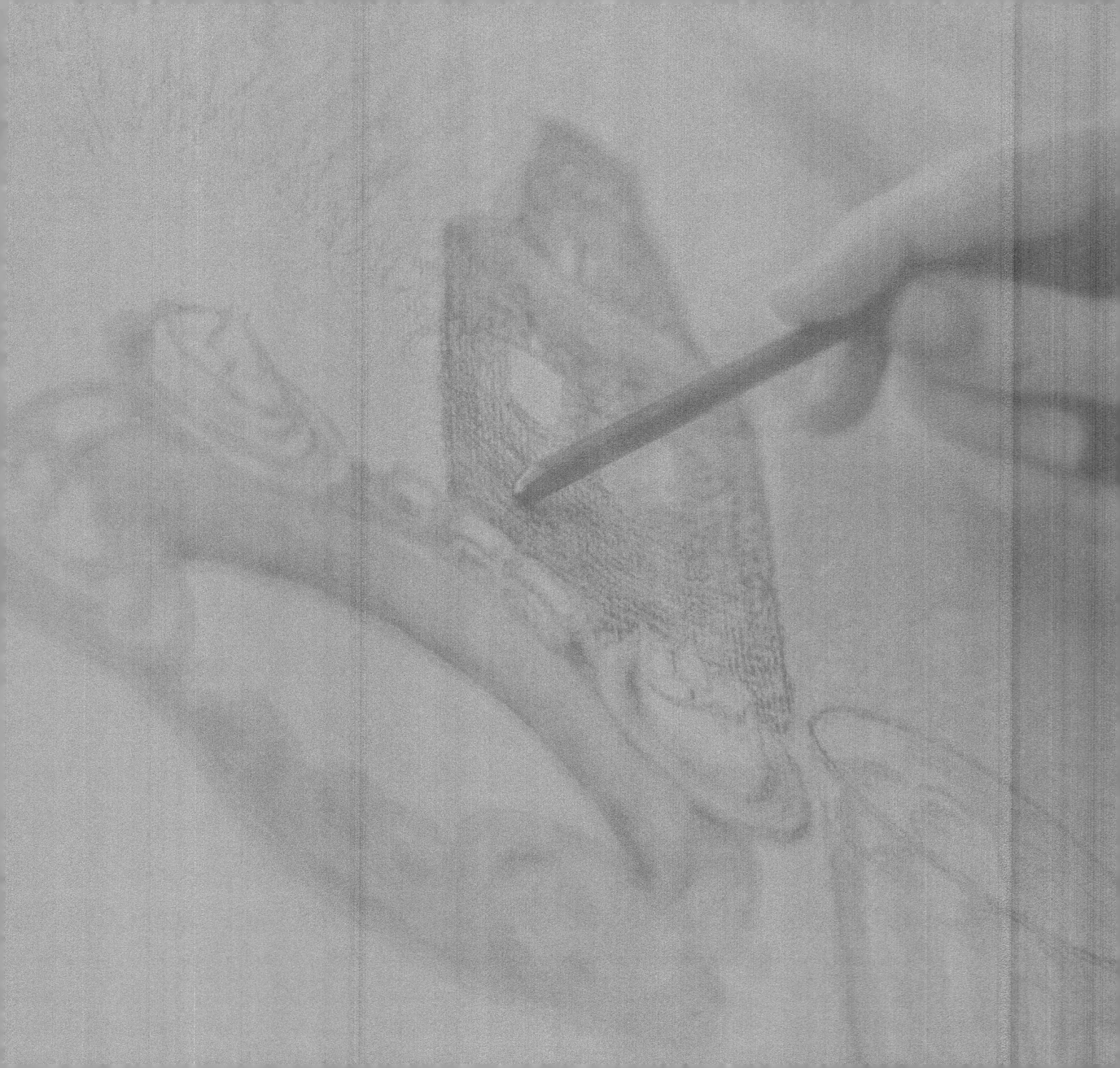

Neste capítulo, procuramos apontar algumas vertentes acerca da concepção do desenho, sob o ponto de vista de alguns estudiosos do assunto, sempre contextualizando-as com fatores históricos, sociais e culturais. Procuramos aqui fazer um levantamento bibliográfico atualizado, com referências especializadas, pois nosso interesse é apresentar a você, leitor, uma abordagem histórica, processual e técnica. Nosso principal objetivo neste capítulo é levá-lo a conhecer os principais debates teóricos sobre o desenho e preparar o futuro professor de Artes Visuais para sua atuação em sala de aula. Primamos por abordar a relação entre teoria e prática, que envolve os aspectos conceituais e formais do desenho e que são analisados neste capítulo.

1.1 Conceitos e características do desenho

O que é um desenho? É uma capilaridade do desejo. É uma reconstituição da história do sujeito, como singularidade. Desenhos seriam lugares do corpo. Desenho é uma forma de relacionar dois corpos – o instrumento que desenha e o papel que recebe o desenho. Se qualquer parte do corpo pode ser erogeneizada, qualquer desenho seria então região que o desejo percorre e se instala. As linhas seriam, pois, vasos do tráfego de desenho/desejo. Já não se falaria de um desenho de gestualidade, mas de um desenho que admitisse ser movido a pulsões. Então, encontramos desenhos de pulsões de vida, com seus aspectos de sedução e conquista. (Herkenhof, 1997, p. 16)

Mesmo pesquisando várias referências bibliográficas dos mais diferentes autores não seria possível chegarmos a uma definição única de *desenho*. Isso ocorre porque o desenho pode ser ter diferentes concepções: técnica-formal, histórica, estética, processual, entre outras.

Philip Hallawell (1994, p. 9), no livro intitulado *À mão livre: a linguagem do desenho*, define o desenho "como a interpretação de qualquer realidade, visual, emocional, intelectual etc., através da representação gráfica". Em outras palavras, o desenho viabiliza a materialização de uma ideia, pois, por meio dele, é possível visualizá-la e comunicá-la a outras pessoas.

Edith Derdyk também faz uma reflexão sobre o assunto na obra *Formas de pensar o desenho: desenvolvimento do grafismo infantil*, com uma importante contribuição acerca do que podemos pensar sobre o conceito de desenho. Derdyk (1994) ressalta que o desenho não pode ser considerado somente um esboço ou uma representação de objetos. Segundo ela, sua origem está conectada para além do aspecto mais comumente conhecido como *lápis sobre o papel*. Nesse sentido, o desenho carrega, além das suas características gráficas, aspectos simbólicos, conceituais, mitológicos, espirituais etc. Assim, vem acompanhando a humanidade no decorrer da história e em suas diversas manifestações culturais, étnicas, religiosas, entre outras.

1.1.1 Alguns pressupostos conceituais sobre desenho

Uma reflexão importante sobre o desenho é pensarmos nele como uma forma de comunicação, de transmissão de uma ideia ou de uma intenção. Sob esse aspecto, perceberemos que, desde os primórdios, o homem comunica-se por meio da escrita e da imagem, já que ambas são consideradas formas de expressão que têm o intuito de estabelecer comunicação e interação entre as pessoas.

Com base nessa premissa, a autora Donis A. Dondis (2000), no livro *Sintaxe da linguagem visual*, afirma que temos a capacidade de expressar e receber as mensagens de caráter visual em três diferentes níveis:

1. **Nível representacional** – Relaciona-se com aquilo que vemos ou vivenciamos no mundo concreto, ou seja, pessoas, objetos e lugares que integram nossa realidade objetiva. Podemos afirmar que, no nível representacional, temos contato direto com o desenho, meio artístico/técnico para transmitir uma ideia ou uma intenção: tocamos no desenho e sentimos a textura do papel, aproximamo-nos dele para perceber as sutilezas do traço, descobrimos o material utilizado para confeccioná-lo. A comunicação imagética acontece de maneira direta, visto que também reconhecemos imediatamente o que está representado no suporte bidimensional. Se tomarmos como exemplo o desenho de uma figura humana, no nível representacional teremos uma preocupação com a reprodução detalhada para aproximá-la o mais fielmente possível da realidade concreta. No tratamento gráfico, são utilizados recursos técnicos como proporção, simetria, luz e sombra, o que confere a impressão visual de uma figura tridimensional.

2. **Nível abstrato** – Reduz o objeto às suas características mais básicas, ou seja, os elementos são retratados de maneira sintética, sem uma preocupação

formal no detalhamento e sem a intenção de aproximar de uma cópia fiel. Aqui, o desenho de uma figura humana fica reduzida apenas aos traços essenciais à sua configuração, assim, apenas os resquícios humanos seriam representados.

3. **Nível simbólico** – Refere-se ao sistema de símbolos concebidos e codificados pelo homem em dada sociedade, com o intuito de estabelecer uma comunicação comum a todos. Temos como exemplo os sinais de trânsito, que são desenhos (símbolos) convencionados para que pedestres e motoristas convivam harmoniosamente. Se tomarmos novamente o desenho da figura humana, podemos dizer que existem alguns pressupostos estabelecidos, como desenhar a figura humana considerando a medida da cabeça (oito vezes) e seguir os parâmetros da proporção áurea.

Dondis (2000) também reforça que esses níveis estão interligados entre si, apesar de cada um apresentar especificidades. A sinergia entre eles é decisiva para que possamos compreender os vários tipos de imagens à nossa volta e criar novas mensagens.

Fernando Hernández (2000), professor titular da Faculdade de Belas Artes da Universidade de Barcelona (Espanha), ressalta que os indivíduos constroem e participam de um sistema geral de formas simbólicas, e a arte se constitui como uma das partes desse sistema dentro do universo cultural. Nesse sentido, o autor afirma que "a arte e a cultura atuam como mediadores de significados" e que os objetos visuais estão imbuídos de informações sobre eles mesmos e sobre os "temas relevantes no mundo" (Hernández, 2000, p. 54).

Desse modo, constatamos que "a informação visual é o mais antigo registro da história humana" (Dondis, 2000, p. 7). Se nos atentarmos ao Período Paleolítico, o homem das cavernas utilizava tintas naturais, como as extraídas de casca de árvores e de sementes, para realizar pinturas rupestres, que nada mais são do que desenhos feitos diretamente na parede das cavernas. Nessas pinturas, retratavam a rotina diária de sua comunidade, desde as atividades mais simples, como a da caça (Figura 1.1), até as mais complexas, como os rituais (de nascimento e morte, de passagem para a fase adulta, de casamento, entre outros). Nesse sentido, Dondis (2000, p. 7) ressalta que "as pinturas das cavernas representam o relato mais antigo que se preservou sobre o mundo tal como ele podia ser visto há cerca de trinta mil anos".

Na Pré-História, em algumas culturas, havia um desenhista/artista oficial, que chamamos de *xamã*, uma espécie de guia espiritual da tribo e, supostamente, detentor de poderes mágicos. Naquele período, acreditava-se que, ao se desenhar a figura de um determinado animal, era possível apreender o espírito dele para que ocorresse uma boa caçada. Como o xamã ficava isento das atividades diárias, designadas aos homens adultos, dispunha de tempo para se especializar em técnicas de desenho e elaborar tintas obtidas de elementos da natureza, como pigmentos naturais retirados de sementes.

Figura 1.1 – Pintura rupestre, Tassili N'Ajjer, Algeria

Pichugin Dmitry/Shutterstock

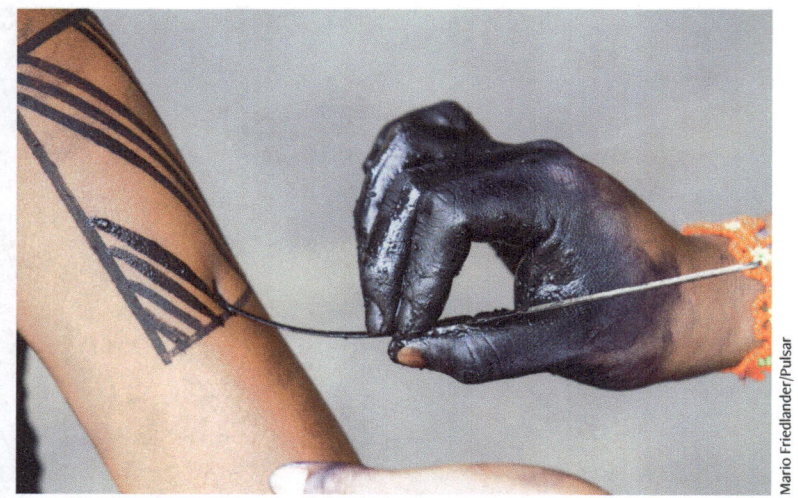

Figura 1.2 – Detalhe de pintura corporal da etnia Kayapó Gorotire

Mario Friedlander/Pulsar

Derdyk (1994) faz uma reflexão acerca da importância e do significado do desenho no decorrer dos períodos históricos e nas diversas áreas de atuação profissional e artística, destacando que essas pinturas/desenhos são registros iconográficos de extrema importância para resgatarmos a história de nossos ancestrais e constatarmos sua necessidade de expressar ideias, temores, fatos cotidianos, eventos solenes, entre outros acontecimentos.

Se nos concentrarmos mais atentamente nos indígenas no Brasil, por exemplo, constataremos que o desenho também faz parte da rotina desses grupos, que faziam (e ainda fazem) pinturas corporais (Figura 1.2), ou seja, desenhos feitos sobre a pele respeitando os mais variados padrões. Isso permite que determinada tribo seja identificada de acordo com os padrões dos desenhos que executa sobre o corpo. Os desenhos também podem ser utilizados para as mais variadas funções ritualísticas, como ritos de passagem, casamento, nascimento e morte.

Curiosamente, na sociedade contemporânea encontramos pessoas, de ambos os sexos e de diferentes idades e classes sociais, econômicas e culturais, que optam por tatuar em seus corpos desenhos das mais diversas padronagens, de diferentes tamanhos e cores, como forma de valorizar e enfatizar suas individualidades ou identificar sua "tribo" urbana.

O livro intitulado *Diálogo/desenho* é resultado de um projeto que surgiu da troca de correspondências entre os artistas e professores Márcia Tiburi e Fernando Chuí. O elemento propulsor que interligou a conversa dos dois autores foi o desenho, seja pelas reflexões sobre essa linguagem, seja pela produção gráfica de ambos, a qual está contida na obra. No que diz respeito às tatuagens, Tiburi e Chuí (2010) comentam que tanto a pele quanto o muro constituem-se como suporte para a inscrição de registros dos períodos moderno e medieval, inscrevendo questões de ordem tribal, política e/ou espiritual.

Outra questão abordada por Tiburi e Chuí (2010) remete a um comentário de Vilém Flusser[1], que sugere pensarmos sobre o caráter originário do desenho. Conforme os autores,

> O desenho está no fundamento de toda a cultura. [...] ele está na base de toda subjetividade nascente (desenho, logo existo – na sua apropriação do cogito cartesiano). Para Flusser, é pelo desenho que deixamos de ser meros mamíferos e nos tornamos artistas livres e, além disso, deuses nascidos do artificial. Ora, é o artifício que está na base do desenho. Sempre pensei o artifício, a ilusão, como num *trompe-l'oiel* (num desenho para iludir mesmo, como num escorço que é a verdade da perspectiva, verdade do olho, mas nunca fora dele). Um desenho que "parece fotografia" mostra muito bem o que isso significa. [...] o desenho seria uma enganação que não é falsa. (Tiburi; Chuí, 2010, p. 27)

---

[1] "Vilém Flusser é considerado um dos mais importantes teóricos nas áreas da comunicação, imagem e da escrita." (Grupo de Pesquisa Vilém Flusser, 2016).

Nesse sentido, constatamos que o desenho não é um elemento dado pela natureza. Trata-se de uma linguagem visual criada pelo ser humano como meio para se expressar, assim como as linguagens oral e escrita. O desenho faz parte da história da humanidade desde os primórdios e se constitui em parte integrante do desenvolvimento de nossa cultura, história e sociedade de todos os tempos.

Hernández (2000, p. 53) enfatiza que as obras artísticas de diferentes culturas, épocas e lugares são elementos da cultura visual e, "portanto, objetos que levam a refletir sobre as formas de pensamento da cultura na qual se produzem." Assim, tais manifestações artísticas estão impregnadas de um conteúdo que vai além do meramente visual; são testemunhos que revelam a vida de uma sociedade.

1.1.2 A relação do desenho com a pintura, a gravura e a escultura

Se voltarmos no tempo, mais especificamente no período do Renascimento, notamos que o desenho estava subordinado às artes maiores, como a pintura, a arquitetura e a escultura. Aqui, *maiores* significava a importância assumida por essas três linguagens em detrimento do desenho, já que este tinha a função de ser apenas um esboço preparatório: nele, o artista traçava sua ideia sobre a tela ou sobre o papel, como base para a concepção de uma escultura ou para a produção de projetos arquitetônicos.

Foi somente no período moderno que o desenho ganhou *status* de linguagem e adquiriu autonomia como expressão artística, livre das amarras do passado. A partir de então, tornou-se tão importante quanto uma pintura ou uma escultura, e o artista começou a ter a liberdade de explorar essa linguagem como uma **representação artística**.

Na contemporaneidade, é possível vislumbrarmos algumas produções artísticas em que o desenho dialoga com a pintura e/ou com a escultura/objeto. O hibridismo faz com que deixemos de lado alguns parâmetros e categorias, já que muitas vezes não saberíamos definir um trabalho como *desenho*, *pintura* ou *escultura*. Por esse motivo, não existem mais limites rígidos entre uma linguagem e outra; a arte se tornou **plural** e mais **complexa**. Atualmente, vemos pinturas contendo escrituras, desenhos com manchas de tinta e objetos construídos com elementos lineares, como fios de cobre, para remeter à linha do desenho.

Em se tratando do hibridismo de linguagens, constatamos que a gravura tem íntima relação com o desenho por seu caráter gráfico, já que, para concebermos uma imagem em uma placa de metal ou de madeira, é necessário que as linhas e as formas sejam ali construídas. Podemos diferenciar uma linguagem da outra no que diz respeito ao seu processo de feitura. A gravura é criada pela manipulação do metal e exige um tempo de elaboração muito maior, pois envolve o preparo da matriz para fazer o desenho, a intervenção dos ácidos para a gravação da imagem e a impressão da placa matriz para obtenção do objeto final.

Segundo Ralph Mayer (1999, p. 631), no livro intitulado *Manual do artista de técnicas e materiais*, a expressão *artes gráficas* é utilizada dentro das belas-artes para designar todos "os processos para a produção de múltiplas reproduções em papel, em edições limitadas e onde todo o trabalho, ou quase todo, é realizado pelo artista que o criou".

Nesse ponto, a gravura está relacionada com as artes gráficas, pois "exclui todas as formas de trabalho mecanicamente reproduzidos, fotografados ou redesenhados em chapas; todos os processos nos quais o artista não participou integralmente são chamados de reproduções" (Mayer, 1999, p. 631). Portanto, a gravura é considerada uma linguagem artística por envolver o caráter criativo na concepção da obra.

O desenho, na maioria das vezes, é feito diretamente sobre a superfície na qual será apresentado. Na gravura, há tipos de técnicas mais utilizados, tais como: xilogravura[2], gravura em metal (ponta seca, água forte e água tinta), serigrafia[3] e litogravura[4]. Com base nessas reflexões, verificamos que o desenho relaciona-se com outras linguagens artísticas mais tradicionais como a pintura, a escultura e a gravura, até nas inusitadas possibilidades híbridas na contemporaneidade.

---

2 "O termo 'xilogravura' é um termo genérico que abrange basicamente dois tipos de gravação em madeira: a gravação de topo e a gravação de fio. A gravação de topo é o trabalho que se faz cortando a superfície lisa de um bloco de madeira dura. As madeiras preferidas são a macieira, a pereira, a cerejeira, a faia e o sicômoro, o guatambu etc. Já na gravação de fio pode-se usar qualquer tipo de madeira, tais como o mogno, o pinho, o cedro, a madeira compensada etc." (Mayer, 1999, p. 656).

3 Serigrafia "é uma técnica de impressão multicolorida do século XX que foi desenvolvida nos Estados Unidos. Sua primeira introdução formal como técnica artística ocorreu numa exibição de serigrafias na Feira Mundial de Nova York em 1939 [...] O método é basicamente um processo de estêncil, no qual os desenhos são aplicados a um pedaço de tecido de trama fina (originalmente seda, donde o nome *silk-screen*) fixado a um bastidor de madeira ou metal; vários materiais formadores de película, assim como estênceis de filmes cortados a mão e emulsões fotossensíveis são utilizados como revestimentos protetores." (Mayer, 1999, p. 663).

4 "O processo [de litogravura] consiste em se desenhar ou pintar com lápis ou tintas gordurosas num tipo especial de calcário que foi 'granitado' até a textura desejada. Após várias manipulações subsequentes, a pedra é adequadamente umedecida com água; com base no fenômeno de repulsão entre as substâncias graxas e água, as partes cobertas com o lápis repelem a água, enquanto as não cobertas permanecem secas. Uma tinta oleosa é então aplicada com um rolo; esta adere somente ao desenho feito com o lápis gorduroso, sendo repelida pelas partes umedecidas da pedra. A impressão que se faz no papel, pressionando-o contra o desenho entintado, não é uma reprodução no mesmo sentido em que o é a impressão mecanicamente produzida, mas é uma verdadeira réplica autográfica, invertida, do desenho original na pedra." (Mayer, 1999, p. 634).

1.1.3 O desenho nas diversas áreas de atuação: *design*, arquitetura, artes gráficas e artes visuais

O trecho que você lerá a seguir foi extraído da obra O *que é estética?*, de Marc Jimenez:

> Já foi dito com que intensidade, em Leonardo da Vinci e em Alberti, a reivindicação de um saber científico trabalhava em favor do reconhecimento do status artístico. Pintores e escultores entregam-se às "artes liberais", exercem eles uma atividade intelectual, mais nobre do que a do artesão, acantonado nas tarefas manuais, prisioneiro das "artes mecânicas". (Jimenez, 1999, p. 45)

Fazendo uma reflexão sobre a citação de Jimenez, voltamos ao período renascentista e vislumbramos uma valorização das "artes liberais" em detrimento das "artes mecânicas". Ou seja, naquela época a pintura e a escultura estavam intimamente relacionadas à ciência, ao mesmo tempo que carregavam um *status* artístico.

No século XIX, tivemos o advento da **fotografia**, que mudou a posição social do pintor. Este atuava como retratista e ilustrador, entre outras atividades de representação do cotidiano da época, produzindo retratos de família, de paisagens etc. Mas o novo aparato mecânico acabou substituindo essas funções. O autor Giulio Carlo Argan (1992), no livro *Arte moderna*, ressalta que essa questão afetou o "pintor de ofício", que entrou em crise em função do surgimento da fotografia, o que não ocorreu com os artistas dedicados à pintura como arte, a qual era considerada uma atividade de elite e voltada para um público muito específico. A partir desse período, a arte deixou de ter função social, uma vez que não esteve mais relacionada a um bem de consumo (digamos, de baixo custo e acessível a todos).

Após a Primeira Guerra Mundial, deparamo-nos com uma Alemanha em reconstrução e, nesse período, tivemos alguns idealizadores da Escola de Bauhaus, como o arquiteto alemão Walter Groupius, que pretendia "recompor entre a arte e a indústria produtiva o vínculo que unia a arte ao artesanato" (Argan, 1992, p. 269). Com base nessa proposta, ele fundou, no ano de 1919, a Escola Bauhaus, que contava com arquitetos e importantes artistas plásticos renomados, como Paul Klee (Argan, 1992).

Como explicamos anteriormente, o desenho como **instrumento de trabalho** era usado como esboço para materializar ideias de artistas, arquitetos e engenheiros, entre outros profissionais. A concepção do desenho como **linguagem artística** é bem recente na história da arte ocidental.

O desenho também se presta a auxiliar outras áreas de trabalho. Nesse sentido, consideramos que está diretamente vinculado a diversas profissões, como artista visual, *designer* gráfico e arquiteto; e cada profissão solicita dessa linguagem uma finalidade específica. Em relação às artes aplicadas, como a realizada pelo *design* gráfico, a produção de objetos e materiais utilitários visam suprir as necessidades básicas do homem desde as culturas mais primitivas até os dias de hoje (Dondis, 2000). Em contraposição, as artes visuais, desde o advento da fotografia, desvincularam-se do caráter funcional e utilitário, voltando-se atualmente a questões de ordem estética, conceitual etc., isto é, às belas-artes.

A esse respeito, Dondis (2000, p. 8) nos aponta a definição[5] mais comumente difundida para diferenciar as belas-artes das artes aplicadas: enquanto a primeira está ligada ao "puramente artístico", a segunda se associa ao "utilitário". Ainda em conformidade com as

---

5 É importante salientar que vamos nos ater somente a essa definição mais elementar para não nos distanciarmos do foco de nosso assunto sobre o conceito do *desenho*. Outra observação importante é que Dondis (2000, p. 8) reforça que as belas-artes, no que diz respeito ao "puramente artístico", relacionam-se ao "grau de motivação que leva à produção do belo".

palavras dessa autora, "as 'aplicadas' devem ser funcionais, e as 'belas' devem prescindir a utilidade" (Dondis, 2000, p. 12).

Nesse sentido, o desenho[6] pode prestar serviço tanto para as belas-artes quanto para as artes aplicadas, seja para expressão subjetiva do artista, seja para um projeto arquitetônico.

De acordo com Dondis (2000, p. 8),

> O homem precisa comer; para fazê-lo, precisa de instrumentos para caçar e matar, lavrar e cortar; precisa de recipientes para cozinhar e de utensílios nos quais possa comer. Precisa proteger seu corpo vulnerável das mudanças climáticas e do meio ambiente traiçoeiro, e para isso necessita de ferramentas para costurar, cortar e tecer. Precisa manter-se quente e seco e proteger-se dos predadores, e para tanto é preciso que se construa algum tipo de *habitat*.

Com base nessa premissa, os *designers*, os arquitetos e os artistas gráficos também fazem uso do desenho como ferramenta de trabalho, como ocorre na concepção de determinado produto para fins comerciais. Por exemplo, na Figura 1.3, o produto projetado é utilizado na dança.

O desenho também é utilizado em projetos arquitetônicos com as mais variadas finalidades, como para a construção de uma casa (Figura 1.4) ou de um prédio. O esboço da planta baixa (Figura 1.5), por exemplo, materializa as ideias de quem a concebe (o arquiteto) de acordo com as necessidades e solicitações do cliente.

---

6 Considerado tanto como uma linguagem artística para a expressão subjetiva do artista quanto como uma ferramenta de trabalho que materializa uma peça utilitária de *design*.

Figura 1.3 – Esboço para desenvolvimento de produto

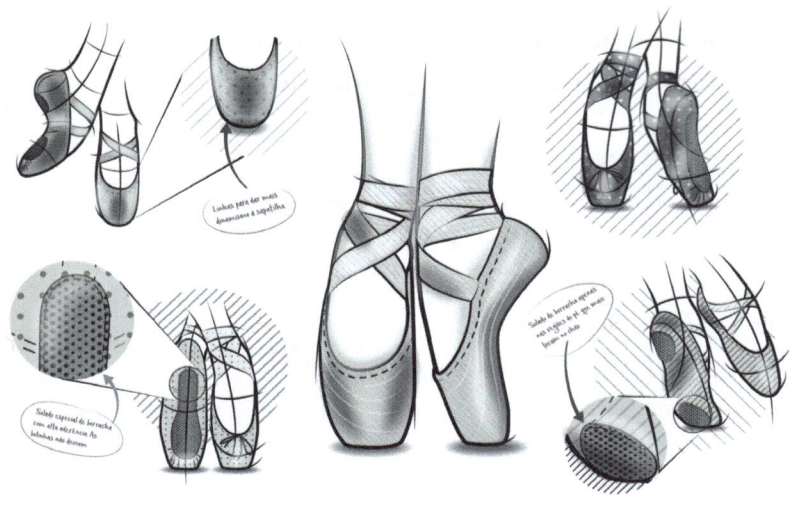

Figura 1.4 – Projeto arquitetônico

Figura 1.5 – Esboço de uma planta baixa

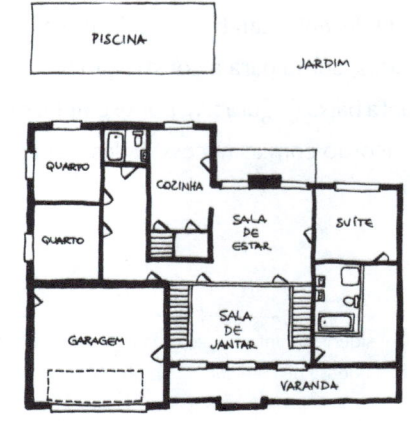

No cinema, temos o *storyboard* na etapa da pré-produção para facilitar a visualização das cenas quadro a quadro, seja pelas suas partes, seja pelo conjunto da obra. Nesse sentido:

> O *storyboard* nada mais é do que a **versão em desenhos** do roteiro de um filme. Contém todo o seu **conceito visual** como o enquadramento, cortes, movimento de câmera etc, além de localizar os ambientes e inserir as personagens em cena. São estes desenhos em sequência que transportam as ideias do **abstrato** para o **real**. É a primeira oportunidade para observar se o que o diretor imaginava irá funcionar, o que permite uma melhor preparação para as filmagens. (Cataldi, 2012, grifo do original)

O *storyboard* é utilizado em qualquer gênero fílmico, desde o drama até as animações, e geralmente é realizado em modelos preestabelecidos para facilitar a visualização de cada cena do filme, como podemos observar na Figura 1.6.

Além de visualizarmos o modelo para a elaboração do *storyboard*, destacamos o comentário de Cecília Salles, extraído do texto "Desenhos da criação". Segundo a autora, os esboços têm "uma função importante nos processos não individuais, pois transmitem informações para os outros participantes da equipe." (Salles, 2007, p. 36).

Desse modo, constatamos que o desenho contribui para que todos possam "falar a mesma língua" em todas as etapas da produção cinematográfica. O *storyboard* facilita não somente o trabalho da equipe técnica, mas também dos atores, que visualizam o cenário, os objetos e outros personagens, entre outros detalhes (Figura 1.7). Além disso, é importante que o profissional que executa o *storyboard* tenha domínio técnico do desenho e do uso de materiais básicos, como papel, lápis e caneta nanquim.

As histórias em quadrinhos também são divididas em quadros, como o *storyboard*. O **mangá**[7] é um tipo de história em quadrinhos de origem japonesa, que, no decorrer do tempo, teve grande aceitação do público infantil e dos adolescentes no mundo inteiro. Veja um exemplo de criação de personagem mangá na Figura 1.8.

Os mangás aos poucos "saíram" do papel e hoje temos os **animes**, que são os desenhos animados que podemos assistir na televisão (a Figura 1.9 é um exemplo de *storyboard* de anime). Nesse caso, há um público muito maior que acompanha as séries, como *Dragon Ball*.

Tanto nos mangás quanto nos animes, em vez de personagens com olhos puxados (como seria natural esperar em olhos japoneses), temos personagens masculinos e femininos com grandes olhos expressivos. As histórias prendem a atenção do público, tanto nas revistas em quadrinhos quanto nos desenhos animados.

> Mangás são histórias em quadrinhos japonesas, ao contrário das histórias em quadrinhos convencionais, sua leitura é feita de trás para frente. Teve origem através do Oricom Shohatsu (Teatro das Sombras), que na época feudal percorria diversos vilarejos contando lendas por meio de fantoches. Essas lendas acabaram sendo escritas em rolos de papel e ilustradas, dando origem às histórias em sequência, e consequentemente originando o mangá. Essas histórias passaram a ser publicadas por algumas editoras na década de 20, porém sua fama só veio por volta da década de 40. (Brasil Escola, 2016)

O japonês Takashi Murakami relaciona o mangá com as artes visuais, reinventando a *pop art* em sua produção artística. A temática de seus trabalhos reflete os personagens com traços dos animes e dos mangás.

---

7 Para saber mais sobre a história do mangá, consulte o texto do *site* Brasil Escola (2016).

Figura 1.6 – Modelo padrão para *storyboard*

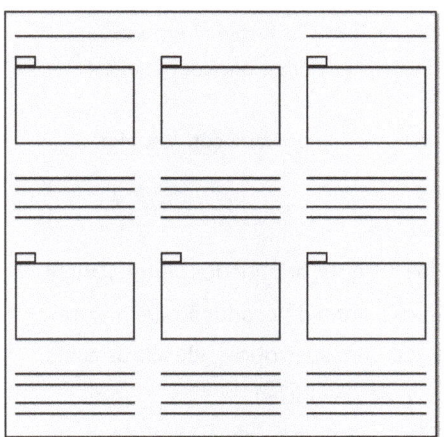

Figura 1.7 – Modelo de *storyboard* para cinema

Figura 1.8 – Modelo de mangá

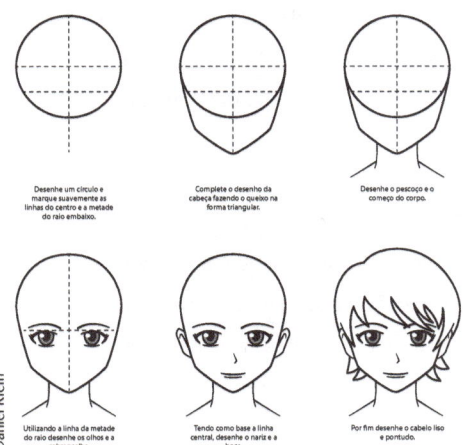

Figura 1.9 – Modelo de anime

> Faça uma pesquisa na internet para conhecer as obras de Takashi Murakami e perceba como esse artista une a *pop art* e o mangá em suas produções. Sugerimos que você comece acessando seu *site* oficial:
> TAKASHI MURAKAMI. Art. Disponível em: <http://www.takashimurakami.com/art.php>. Acesso em: 9 jun. 2016.

Em sua "fábrica", chamada *Hiropon*, Murakami produz "*t-shirts*, brinquedos, autocolantes e almofadas para ratos de computador que se juntaram à linha de produção de pinturas, esculturas, vídeos e instalações" (Grosenick, 2005, p. 320). Em suas obras, ele alia as artes visuais com as artes aplicadas, como o *design* (gráfico e de produtos).

Podemos estabelecer uma conexão entre a "fábrica" de Murakami e a de Andy Warhol[8]. Este último, em 1963, inaugurou seu estúdio, nomeado *The factory*. No texto intitulado "Andy Warhol ou a sombra da imagem", Marco Giannotti[9] (2004) ressalta que o artista sempre teve interesse em "jogar" com o sistema comercial e, ao conceber seu ateliê, estava consciente de que produziria mercadorias. Nas palavras de Warhol, citado por Giannotti (2004, p. 124),

> A Fábrica é tão conveniente como qualquer outro lugar. É um lugar onde se constroem coisas, é um lugar onde faço meu trabalho. No meu trabalho artístico, a pintura à mão tomaria muito tempo, em todo caso, essa não é a época em que vivemos. Meios mecânicos são atuais e ao utilizá-los consigo mais arte para mais pessoas. A arte deveria ser para qualquer um.

---

8 Andy Warhol foi um dos protagonistas da *pop art* norte-americana na década de 1960.

9 Marco Giannotti é artista visual e professor do Departamento de Artes da Escola de Comunicação e Artes da Universidade de São Paulo (USP).

Nesse sentido, tanto Warhol quanto Murakami incorporam as "técnicas de reprodução do mundo" no contexto artístico, aproximando a relação entre a arte e a vida (Giannotti, 2004).

Na cultura de massa, vislumbramos o desenho nas mais diversas áreas, como nas histórias em quadrinhos (Figura 1.10) e nos *cartoons*. Nesse contexto, podemos mencionar o artista plástico Roy Lichtenstein, outro integrante da *pop art* norte-americana nas décadas de 1950 e 1960, que fazia uso da estética dos quadrinhos em seus trabalhos artísticos (Figura 1.11), muitas vezes pintados à mão.

Hernández (2000, p. 51) enfatiza que "vivemos inundados de uma extraordinária variedade de imagens (e imaginários) visuais" e, desse modo, é importante que o professor viabilize uma aproximação de tais imagens com o mundo acadêmico, já que elas influenciam a visão que os alunos têm de si mesmos e do "universo visual" que os circundam. Nesse sentido, constatamos uma possível relação entre o desenho em quadrinhos com as artes

Figura 1.10 – História em quadrinhos

Daniel Klein

Figura 1.11 – *Drowning Girl*, de Roy Lichtenstein

© Estate of Roy Lichtenstein/AUTVIS, Brasil, 2016
Album/Latinstock

LICHTENSTEIN, Roy. **Drowning Girl**. 1963. Óleo e polímero sintético sobre tela: color. 171,6 × 169,5 cm. Museum of Modern Art, New York.

visuais, relação que pode ser estimulada pelos professores de Arte em sala de aula, por se tratar de um mundo familiar ao aluno. Se a arte contemporânea aproxima a arte da vida, é fundamental que o docente resgate esse interesse do aluno e o veja como um recurso a ser explorado em sua produção em sala de aula.

1.2 A história do desenho: do Renascimento à contemporaneidade

Nesta seção, abordaremos a trajetória do desenho desde o período renascentista até a atualidade, mostrando que, de coadjuvante da pintura e da escultura, o desenho assumiu o papel de protagonista na modernidade. Já na contemporaneidade, a linguagem do desenho desdobra-se em novas possibilidades para além da expressão gráfica, tendo fundamental importância seu processo de feitura, e não somente sua apresentação final.

1.2.1 Entre o linear renascentista e o pictórico barroco

Heinrich Wölfflin é um dos mais importantes historiadores da arte do século XX. Em seu livro intitulado *Conceitos fundamentais da história da arte: o problema da evolução dos estilos na arte mais recente,* Wölfflin apresenta uma importante abordagem dos períodos artísticos do Renascimento e do barroco, definindo-os com base em algumas de suas características estilísticas mais significativas[10], em que o primeiro tem um caráter mais linear[11] e o segundo, mais pictórico, cujo contorno do desenho torna-se menos evidente (Wölfflin, 2000).

---

10 Tais estilos eram seguidos pela maioria dos artistas desses dois movimentos artísticos.
11 Que valoriza o contorno do desenho, definindo claramente o objeto do seu entorno.

Wölfflin nos apresenta um recorte histórico da pintura renascentista no século XVI, exemplificando esse período com a obra de Albrecht Dürer[12] (Figura 1.12). Já para exemplificar a pintura barroca no século XVII, ele traz a obra de Rembrandt[13] (Figura 1.13). Ao observarmos com atenção a obra desses dois artistas, tornam-se evidentes e compreensíveis os estilos linear em Dürer e pictórico em Rembrandt.

Com base ainda na explanação do autor, também é possível entendermos as características de cada um desses estilos. Ele salienta que

> podemos utilizar, em princípio, a seguinte definição popular: o estilo linear vê em linhas, o pictórico, em massas. Ver de forma linear significa, então, procurar o sentido e a beleza do objeto primeiramente no contorno – também as formas internas possuem seu contorno; significa ainda, que os olhos são conduzidos ao longo dos limites das formas e induzidos a tatear as margens. A visão em massa ocorre quando a atenção deixa de se concentrar nas margens, quando os contornos tornam-se

---

[12] "Albrecht Dürer (1471-1528) foi um artista alemão extremamente talentoso e versátil do período renascentista. Ele nasceu na cidade da Frônconia de Nuremberg, um dos mais fortes centros artísticos e comerciais na Europa durante os séculos XV e XVI. Ele foi um brilhante pintor, desenhista e escritor, embora seu primeiro e, provavelmente, maior impacto artístico tenha sido por meio da gravura. Dürer foi aprendiz de seu pai, que era um ourives, e produziu ilustrações em xilogravura de grandes livros e publicações na oficina do pintor local Michael Wolgemut. Como admirador do seu compatriota Martin Schongauer, Dürer revolucionou a gravura, elevando-a ao nível de uma forma de arte independente. Ele expandiu a sua gama de tons e dramaticidade, criando imagens com uma nova base conceitual." (The Metropolitan Museum of Art, 2016, tradução nossa).

[13] "Rembrandt Harmenszoon van Rijn nasceu em Leiden, na Holanda, em 1606. Seu pai era um moleiro e enviou Rembrandt para a Escola Latina da cidade. Aos quatorze anos de idade, Rembrandt começou a estudar na famosa Universidade de Leiden (incomum para o filho de um moleiro), mas a vida acadêmica não combinava com ele. Depois de alguns meses ele saiu para iniciar seus estudos como pintor." (The National Gallery, 2016, tradução nossa).

Figura 1.12 – *Self-Portrait*, de Albrecht Dürer

Figura 1.13 – *Self-Portrait at the Age of 63*, de Rembrandt

DÜRER, Albrecht. **Self-Portrait**. 1498. Óleo sobre madeira: color; 52 × 41 cm. Museo del Prado, Madrid.

REMBRANDT. **Self-Portrait at the Age of 63**. 1669. Óleo sobre tela: color; 86 × 70,5 cm. The National Gallery, London.

> mais ou menos indiferentes aos olhos enquanto caminhos a serem percorridos e os objetos, vistos como manchas, constituem o primeiro elemento da impressão. (Wölfflin, 2000, p. 26)

Se nos atentarmos para a obra *Self-portrait* (1498), de Dürer (Figura 1.12), percebemos que o personagem central da pintura está representado com linhas bem definidas, inclusive as dobras do tecido de sua vestimenta. Ele encontra-se, assim, nitidamente separado do restante da composição; até mesmo na paisagem (retratada no canto superior direito da pintura) é possível visualizarmos claramente as montanhas.

Diferentemente da obra de Dürer, em *Self-Portrait at the Age of 63*, de Rembrandt (Figura 1.13), o personagem central não apresenta as linhas de contorno tão definidas; algumas áreas parecem quase que "diluídas" e se confundem com o entorno da pintura, valorizando o contraste entre luz e sombra. No autorretrato de Rembrandt, percebemos que a semelhança entre as cores usadas no personagem e as cores do fundo também contribui e reforça uma sensação visual de ligação entre os planos. É evidente que as áreas com manchas de tinta se sobrepõem às linhas do desenho, suavizando-as. Nesse sentido, Wölfflin reforça tais diferenças estilísticas ao afirmar que

> O estilo linear é um estilo da discriminação visualizada plasticamente. O contorno nítido e firme dos corpos suscita no espectador uma sensação de segurança tão forte, que ele acredita poder tocá-los com os dedos, e todas as sombras modeladoras adaptam-se de tal modo à forma, que o sentido do tato é imediatamente estimulado. Representação e objeto são, por assim dizer, idênticos. Ao contrário, o estilo pictórico libertou-se, de certa maneira, do objeto tal como ele é. Para este estilo, já não existe o contorno ininterrupto, e as superfícies tangíveis são dissolvidas. Manchas se justapõem sem qualquer relação. (Wölfflin, 2000, p. 29)

No que diz respeito à história do desenho, constatamos que a obra de Wölfflin é uma referência importante, já que o desenho foi elemento determinante para delinear a pintura durante o período renascentista.

1.2.2 Modernismo: o desenho como linguagem artística

O período modernista é considerado fundamental para pensarmos sobre a autonomia do Desenho, visto agora como uma linguagem artística e não somente como uma disciplina ligada às artes e à ciência.

No livro *Disegno. Desenho. Desígnio*, organizado por Edith Derdyk, os autores Antonio Lizárraga e Maria José Spiteri Tavolaro Passos fazem uma reflexão sobre a trajetória histórica do desenho e sobre o período modernista.

> No século XX, o desenho ganha *status* de linguagem autônoma, embora continue representando um espaço para pensar e projetar, mas se liberta dos bastidores da obra, ganhando independência e tornando-se dela o protagonista. Tendo a linha como ponto de partida para o seu discurso, diversos artistas adotaram o desenho como linguagem. (Lizárraga; Passos, 2007, p. 67)

Nesse período, o desenho não está mais vinculado à cópia fiel da realidade, pois busca valorizar a expressividade do artista. Observe o desenho do artista espanhol Pablo Picasso (Figura 1.14), em que a linha corre solta e descompromissada sobre o papel, fazendo surgir uma figura livre dos pressupostos formais e acadêmicos.

Há também os desenhos automáticos dos artistas Juan Miró (Figura 1.15) e André Masson (Figura 1.16), ambos do movimento surrealista, em que o pincel ou a caneta exploram o papel descompromissadamente.

Figura 1.14 – *Mystification: ou Histoire des portraits*, de Pablo Picasso

Figura 1.15 – *Portrait of Miró*, de Juan Miró e Louis Marcoussis

PICASSO, Pablo. **Mystification: ou Histoire des portraits**. 1954. Livro ilustrado contendo gravuras realizadas a partir de cinco desenhos: p&b.; 27 × 19 cm. The Metropolitan Museum of Art, New York.

MIRÓ, Joan; MARCOUSSIS, Louis. **Portrait of Miró** (Portrait de Miró). 1938. Drypoint and engraving, plate: 13 3/16 × 10 15/16" (33,5 × 27,8 cm); sheet: 19 1/2 × 15 1/16" (49,5 × 38,2 cm). Museum of Modern Art (MoMA), New York.

Figura 1.16 – *Battle of Fishes*, de André Masson

MASSON, André. **Battle of Fishes**. 1926. Sand, gesso, oil, pencil and charcoal on canvas, 14 1/4 × 28 3/4" (836,2 × 73 cm). New York, Museum of Modern Art (MoMA).

Não vamos nos deter aqui a todos os movimentos artísticos que englobam a arte moderna[14] em razão de sua abrangência – do romantismo no início século XIX até o minimalismo na década de 1960. Tal reflexão, que fica sob o encargo da História da Arte, tomaria um longo período de estudo.

Desse modo, o que é importante saber acerca da relação entre o desenho e a arte moderna é que, nesse período, o artista liberta-se da tradição linear renascentista. Observarmos isso nas obras de Picasso, Miró e Masson, em que o desenho assume um caráter mais experimental e livre dos pressupostos anteriores, tornando-se mais autoral, descomprometido com a representação da realidade concreta e próxima da poética de cada artista ou do movimento de que fazia parte naquele momento histórico.

1.2.3 Contemporaneidade: os desdobramentos do desenho na atualidade

Na contemporaneidade, constatamos a tendência de o artista utilizar a linguagem do desenho de maneira mais próxima à mímese[15], ou seja, mais expressiva e menos figurativa.

> O desenho como linguagem para a arte, para a ciência e para a técnica, é um instrumento de conhecimento, possuindo grande capacidade de abrangência como meio de comunicação e expressão. As manifestações gráficas não se restringem somente ao uso do lápis e papel. O desenho, como índice humano, pode manifestar-se não só através de marcas gráficas depositadas no papel (ponto, linha, textura, mancha), mas também através de sinais como um risco no muro, uma impressão digital, a impressão da mão numa superfície mineral, a famosa pegada do homem na Lua etc. (Derdyk, 1994, p. 20)

---

14 Para saber mais sobre a arte moderna, consulte o texto da Enciclopédia Itaú Cultural (2016b).

15 Imitação ou emulação.

O período contemporâneo pode ser delimitado, *grosso modo*, a partir da década de 1960, com o movimento da *pop art*, e vai até a atualidade, considerando que, nesse trajeto, houve a influência de diversos eventos históricos, sociais, econômicos e culturais, assim como o surgimento de muitas manifestações artísticas.

Michael Archer (2001), no livro *Arte contemporânea: uma história concisa*, apresenta uma importante reflexão sobre o assunto, afirmando que depois da década de 1960 não era mais possível falar em estilo ou linguagens artísticas tradicionais como pintura, escultura e desenho. Transitamos por *performances*, fotografias, vídeos, instalações, entre outras linguagens que podem se manifestar de maneira híbrida; dessa maneira, a pintura pode se conectar com a fotografia, o vídeo e a instalação, entre outras possibilidades. Archer (2001, p. IX) reitera dizendo que

> Quem examinar com atenção a arte dos dias atuais será confrontado com uma desconcertante profusão de estilos, formas, práticas e programas. De início, parece que, quanto mais olhamos, menos certeza podemos ter quanto àquilo que, afinal, permite que as obras seja qualificadas como "arte", pelo menos de um ponto de vista tradicional. Por um lado, não parece haver mais nenhum material particular que desfrute do privilégio de ser imediatamente reconhecível como material da arte: a arte recente tem utilizado não apenas tinta, metal e pedra, mas também ar, luz, som, palavras, pessoas, comida e muitas outras coisas.

Desse modo, o artista desenvolve uma poética muito particular em que não é necessária uma habilidade manual no que se refere aos pressupostos formais e acadêmicos de se "desenhar bem". Ou assume tal primazia técnica e, juntamente com ela, explora outras questões que vão além do caráter meramente visual, como o artista norte-americano Jim Dine (Figura 1.17).

Na atualidade, também podemos ver desenhos na paisagem urbana, como os fios elétricos nos postes de iluminação que "desenham" o céu da cidade ou *grafittis* nos muros das casas e nas fachadas dos prédios (Figura 1.18).

Nesse sentido, a arte contemporânea permite que o artista tenha a liberdade de transitar nas mais diversas linguagens artísticas, seja ela mais tradicional, como o desenho de caráter realista do artista Jim Davis, seja uma espécie de intervenção urbana, como o grafite do mural observado. Esses dois contrastes ilustram muito bem como o desenho hoje pode dialogar com questões político-sociais e também com o cenário urbano.

Figura 1.17 – *Sem título*, **de Jim Dine**

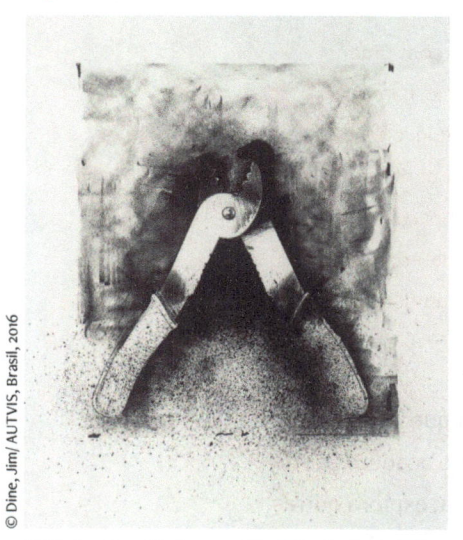

DINE, Jim. **Sem título**. 1973. Litogravura sobre papel: p&b.; 708 × 554 mm. Tate Britain Museum, London.

Figura 1.18 – *Grafitti* **na paisagem urbana**

Síntese

Neste capítulo, vislumbramos alguns aspectos acerca do desenho nos aspectos formal e conceitual, assim como as diversas áreas de atuação artística e profissional em que essa linguagem está inserida. Analisamos a relação do desenho com o cinema, as artes visuais, a arquitetura e o *design*, bem como sua importância como ferramenta criativa para diferentes profissionais materializarem suas ideias em projetos gráficos.

Percorremos a história da arte, observando o uso do desenho desde a Pré-História, passando pelo Renascimento, movimento barroco e período modernista, até os dias de hoje. Nesse sentido, constatamos que o desenho apresenta diferentes funções: representação da realidade, expressão do artista ou desenvolvimento do processo criativo na contemporaneidade.

Indicações culturais

ENCICLOPÉDIA ITAÚ CULTURAL. **Artes aplicadas**. Disponível em: <http://enciclopedia.itaucultural.org.br/termo908/artes-aplicadas> Acesso em: 9 jun. 2016.

> Acesse o *site* do Itaú Cultural. Ali você vai conhecer um pouco mais sobre artes aplicadas, sua origem e suas especificidades, pois se trata de uma área de atuação diferente da das artes visuais.

AGUIARI, V. Cinco *sites* para criar quadrinhos *online*. **Info**, Grupo Abril, 3 nov. 2010. Disponível em: <http://info.abril.com.br/noticias/blogs/geek-list/curiosidades/cinco-sites-para-criar-quadrinhos-online>. Acesso em: 20 fev. 2016.

> Essa página recomenderá a você cinco *sites* nos quais você pode criar sua própria história em quadrinhos e divulgá-la *on-line*.

Atividades de autoavaliação

1. A linguagem do desenho é utilizada em algumas áreas de atuação profissional, como na arquitetura, no *design* (gráfico, de produto e de moda), nas artes visuais e no cinema. Neste último campo de atuação, o desenho integra a etapa da pré-produção por meio do *storyboard*, uma ferramenta que facilita a visualização das cenas do filme por toda a equipe cinematográfica. Com base nessas afirmações, assinale a(s) alternativa(s) correta(s) sobre a definição de *storyboard*:
   a) São desenhos realizados após a conclusão das filmagens e utilizados para a divulgação e a comercialização do filme.
   b) São desenhos artísticos realizados por artistas visuais renomados e expostos durante a pré-estreia do filme.
   c) É a versão em desenhos do roteiro de um filme e transporta as ideias do abstrato para o real.
   d) Contém todo o conceito visual do filme, como enquadramento, cortes, movimento de câmera, entre outros elementos da pré-produção.

2. No livro *Conceitos fundamentais da história da arte*, Heinrich Wölfflin (2000) faz uma reflexão acerca de dois importantes movimentos da história da arte ocidental: o Renascimento e o barroco. Com relação às características das obras renascentistas e barrocas, assinale (V) para verdadeiro e (F) para falso:
   ( ) O movimento barroco apresenta características do estilo linear, e o movimento renascentista apresenta características do estilo pictórico.
   ( ) O Renascimento apresenta características lineares, e o período barroco tem aspectos formais pictóricos.

( ) No estilo linear do Renascimento, o contorno não é contínuo e firme, e as manchas se justapõem umas sobre as outras sem uma delimitação da figura e do fundo.

( ) No estilo pictórico do barroco, o contorno é nítido e contínuo, e a representação do objeto é fiel à realidade objetiva.

Assinale a alternativa que corresponde à sequência correta:

a) V, F, V, F.
b) V, V, V, V.
c) V, F, V, V.
d) F, V, F, F.

3. Com relação à linguagem do desenho nas artes visuais e ao contexto contemporâneo, assinale a(s) alternativa(s) correta(s):

a) O artista utiliza a linguagem do desenho enquanto mimese, ou seja, como cópia fiel do mundo concreto que está à sua volta, deixando de lado o caráter expressivo e subjetivo.

b) O artista desenvolve uma poética muito particular em que não é necessária uma habilidade manual referente aos pressupostos formais e acadêmicos de "desenhar bem".

c) O artista pode realizar o desenho com uma primazia técnica e também explorar outras questões que vão além do caráter meramente visual.

d) As questões mais conceituais que podem ser abordadas no desenho contemporâneo envolvem aspectos políticos, culturais, sociais e econômicos, entre outros assuntos que são pertinentes na atualidade.

4. No âmbito das artes visuais, é com o modernismo que o desenho assume autonomia como linguagem independente da pintura e da escultura, sendo esse período considerado fértil para a experimentação dos artistas. Com base nessa reflexão, assinale a alternativa **incorreta**:
   a) No período modernista, o desenho torna-se uma disciplina ligada às artes e à ciência, retomando as premissas renascentistas e tendo influência de artistas como Leonardo da Vinci.
   b) Nesse período, o desenho não está mais vinculado à realidade tal como ela é vista e assume um caráter mais expressivo, livre das amarras do passado.
   c) O artista modernista Pablo Picasso realizou desenhos em que a linha corre solta e descomprometida sobre o papel, livre dos pressupostos formais e acadêmicos.
   d) O artista modernista do surrealismo Juan Miró preservou a tradição clássica do passado, mantendo-se fiel ao pressuposto técnico da cópia como representação da realidade objetiva.

5. No livro intitulado *Sintaxe da linguagem visual*, Dondis (2000) afirma que temos a capacidade de expressar e receber as mensagens de caráter visual em três diferentes níveis:
   1) representacional;
   2) abstrato;
   3) simbólico.
   Com base nessa premissa, relacione cada um dos níveis numerando sua respectiva definição ou exemplo indicados a seguir:

( ) Refere-se ao sistema de símbolos concebidos e codificados pelo homem.
( ) Reduz aquilo que vemos às suas características mais básicas.
( ) O sinal de trânsito que indica a parada obrigatória de veículos é um exemplo.
( ) Relaciona-se com aquilo que vemos ou vivenciamos no mundo concreto.

Assinale a alternativa que corresponde à sequência correta:

a) 3, 2, 3, 1.
b) 1, 3, 2, 1.
c) 2, 1, 1, 3.
d) 3, 2, 1, 3.

Atividades de aprendizagem

Questões para reflexão

1. Durante um período de sete dias, observe seus locais de estudo, trabalho e moradia e anote em seu caderno situações em que apareceram linguagens artísticas, como a pintura, o desenho, a gravura, a escultura e a fotografia. A intenção é aguçar seu olhar para o mundo à sua volta para que você possa perceber como ele está repleto de arte, até mesmo nos lugares mais inusitados ou comuns, tornando-o mais atento e interessado nas diferentes e inúmeras manifestações artísticas que estão ao seu redor.
Após esse exercício de observação, comente com seus colegas de turma como foi sua experiência e se conseguiu perceber elementos artísticos não vistos anteriormente.

2. Após exercitar seu olhar para as manifestações artísticas que integram seu cotidiano, faça uma coleta dos materiais gráficos e artísticos que se encontram disponíveis na sua casa e que apresentem alguns tipos de desenho, seja artístico, seja comercial. Podem ser revistas em quadrinhos, fôlder de exposição artística, projetos arquitetônicos, embalagens de produtos diversos, enfim, os materiais aos quais você tiver acesso. Comente com seus colegas sobre o que conseguiu coletar e relate como foi sua experiência, se já tinha percebido como está rodeado desse elemento iconográfico e como ele é utilizado nas mais diversas áreas, artísticas ou comerciais. Com essa questão, pretendemos sensibilizar seu olhar para que você possa constatar a aproximação da arte (cultura) com o ambiente cotidiano.

Atividade aplicada: prática

Nesta atividade, observe a obra do artista Albrecht Dürer e escreva quais são os elementos de caráter linear que podem ser observados em sua pintura. Da mesma forma, analise a obra do artista Rembrandt e escreva sobre as características do caráter pictórico presentes na sua pintura. O objetivo deste exercício é perceber as diferenças formais existentes em cada período histórico e as características estilísticas que marcaram o Renascimento e o barroco.

Self-Portrait, de Albrecht Dürer   *Self-Portrait at the Age of 63*, de Rembrandt

Para auxiliá-lo nesta atividade, acesse o *site* Revista Museu, que traz uma explanação sobre os conceitos de *linear* e *pictórico* proferidos por Wölfflin. O conteúdo encontrado na página é acessível e didático e vem acompanhado de várias ilustrações para elucidar tais conceitos.

BARROS, J. A. Estilo renascentista e barroco: um paralelo comparativo. **Revista Museu**, Artigos, 19 jan. 2004. Disponível em: <http://www.revistamuseu.com/artigos/art_.asp?id=3303>. Acesso em: 9 jun. 2016.

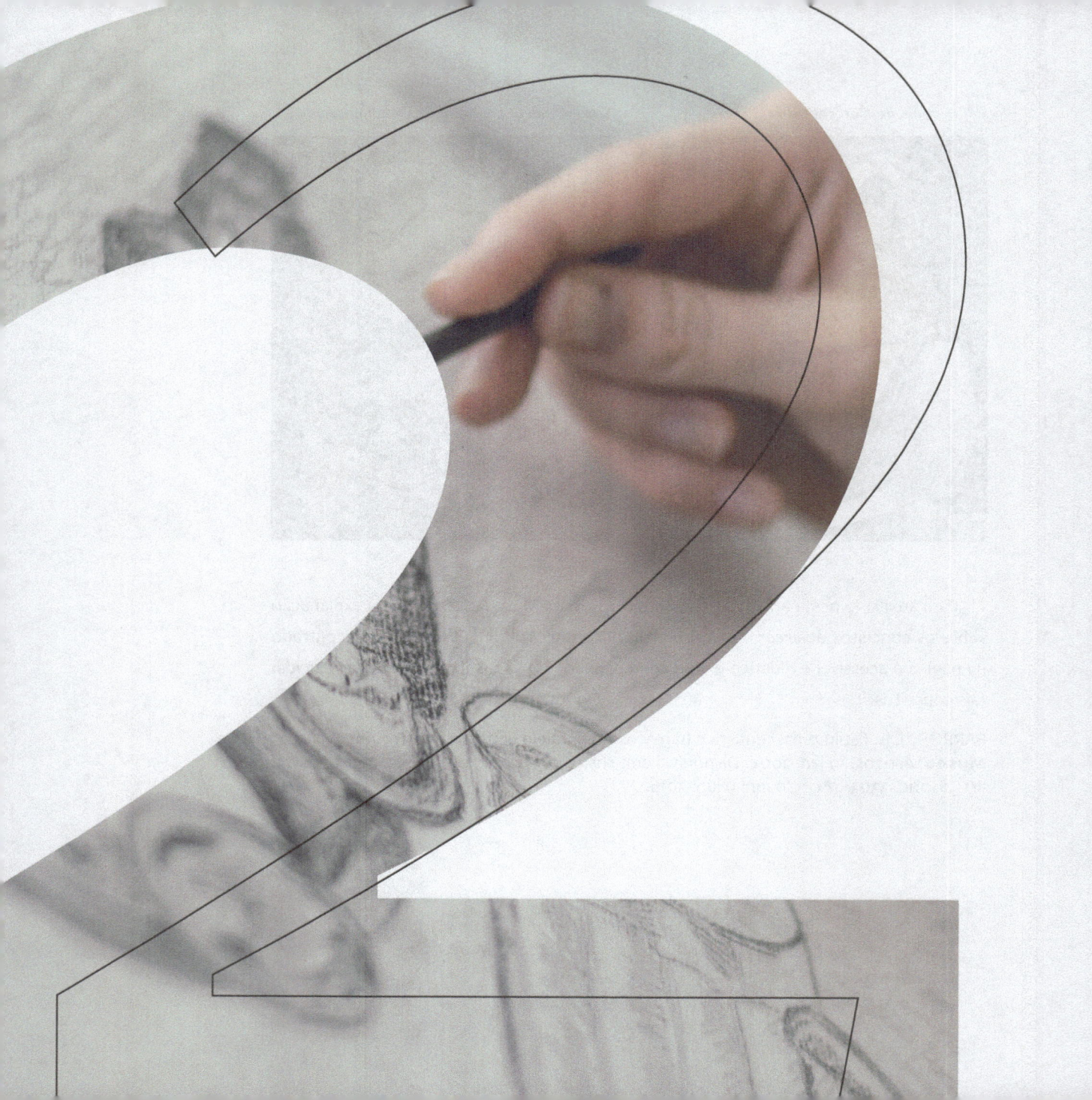

2

Instrumentos de trabalho no desenho

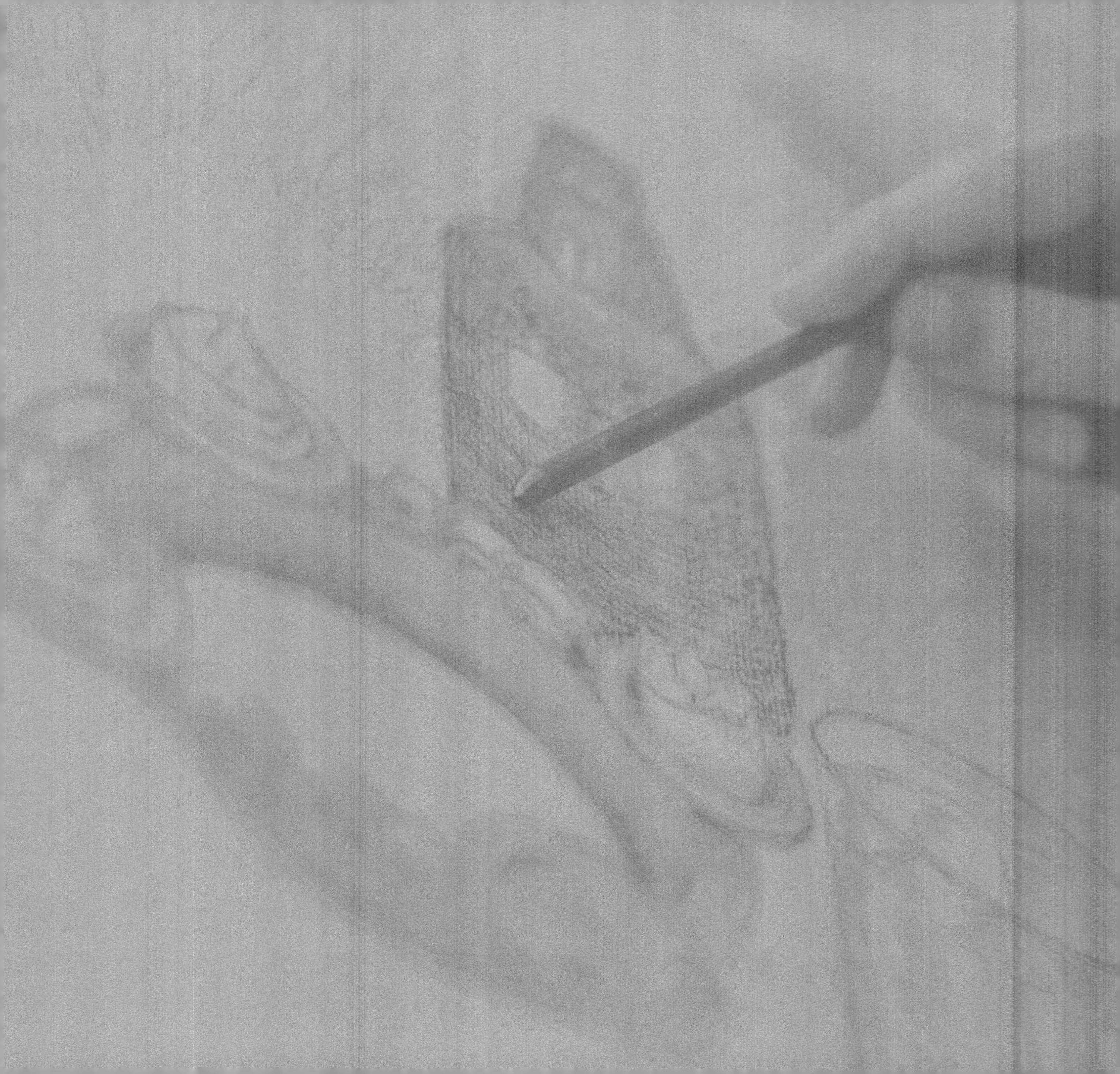

Neste capítulo, examinaremos alguns dos principais materiais técnicos e artísticos utilizados no desenho, que vão desde o lápis grafite até os mais inusitados, como o chocolate e o fio de costura, além de tratarmos dos suportes convencionais e não convencionais. O objetivo do capítulo é fazer com que você conheça e busque experimentar os instrumentos de trabalho mais utilizados para desenhar e também procure criar novas possibilidades artísticas com esses materiais e suportes.

2.1 A diversidade dos materiais para desenhar

Nesta seção, vamos apresentar diferentes materiais explorados por artistas visuais como Vik Muniz, Pablo Picasso e Leonilson e explorar sua relação com alimento, colagem e tecido, respectivamente.

2.1.1 Os materiais tradicionais mais utilizados para desenhar: do lápis grafite ao nanquim

Embora os esboços já estejam próximos das futuras obras, ainda não o são, pois têm outra materialidade. Até mesmo os esboços encontrados na própria tela, por baixo de camadas de tinta, ainda não são pinturas, por serem feitos de grafite ou carvão. (Salles, 2007, p. 38)

Conforme comentamos anteriormente, desde a Pré-História há registros iconográficos das pinturas rupestres. Desde então, o ser humano vem demonstrando interesse em inventar materiais para sobreviver e se comunicar.

Philip Hallawell (1996, p. 9), no livro intitulado *À mão livre 2: técnicas de desenho*, afirma que os materiais artísticos "podem ser classificados em três categorias: profissional, universitário e estudantil ou infantil" e reforça que esta última é considerada "de baixa qualidade e de difícil manejo". Adiante, veremos que tal classificação é questionada, já que muitos artistas contrariam essas premissas, extrapolando formas convencionais para se expressarem.

Lizárraga e Passos (2007) fazem algumas reflexões acerca do uso de materiais para a expressão artística da humanidade. Os autores ressaltam as descobertas advindas de experimentos, desde a mistura da terra com a água para a realização das pinturas das cavernas, até o aprimoramento técnico com o uso de resinas vegetais para a obtenção de corantes em processos industriais.

No que diz respeito ao desenho, o grafite é um dos materiais mais tradicionais e conhecidos para realizar esboços nos trabalhos artísticos ou não artísticos. Uma das maneiras usuais para utilizar o grafite é com o lápis grafite, uma vez que é com esse instrumento que muitos começam a desenhar. Segundo Hallawell (1996), o lápis foi concebido no ano de 1795 e discute-se até hoje a autoria de sua invenção, se foi Nicolas-Jacques Conté ou

Johann Faber. Antes de sua criação, os artistas utilizavam carvão ou giz para realizar seus desenhos. O grafite é um tipo muito peculiar de carvão, que viabiliza um traço mais preciso e tem poder de fixação sobre o suporte papel, além de ser um material de fácil manuseio e transporte.

Há uma gama imensa de marcas e variações no grau de dureza do grafite. Hallawell (1996, p. 12) diz que "hoje, a produção de lápis é muito sofisticada. Além do lápis tradicional, podemos usar, artisticamente, lapiseira e estacas de grafite maciço prensado, que proporcionam resultados semelhantes. Para a técnica esfumada é recomendado usar o grafite em pó".

Nesse sentido, quanto mais resistente for o grafite, mais adequado ele será para fins como a escrita e projetos arquitetônicos. Já os grafites mais macios são indicados para a realização de desenhos artísticos, permitindo maior variação nas gradações de luz e sombra. Esse nível de resistência é determinado pela adição da argila na composição do grafite (Hallawell, 1996).

Os grafites (Figura 2.1) com grau de dureza maior, que proporcionam tons mais claros, são classificados com a letra *H*, e os grafites mais moles, escuros e macios, com a letra *B*. Desse modo, há grafites que vão do H até o 10H e do B até o 9B, dependendo das marcas disponíveis no mercado.

Figura 2.1– Lápis grafite

Irenaphoto/Shutterstock

Com relação a isso, indicamos a seguir uma tabela com as finalidades para cada uma dessas gradações, tanto para o desenho técnico quanto para o desenho artístico:

Quadro 2.1 – Níveis de gradação do grafite

Graduação dos grafites	Para que serve
Macio (6B-4B-2B-B)	Não pode ser usado em desenhos técnicos. Ideal para realizar esboços artísticos e de "luz e sombra".
Médio (HB)	Ideal para realizar esboços e desenhos com traços mais precisos.
Duro (F-H-2H)	Ideal para desenhos técnicos, mas não deve ser forçado sobre o papel para que este não fique marcado.
Duríssimo (3H...9H)	Não é indicado para ser usado sobre o papel, pois cria marcas que não podem ser removidas.

Fonte: Adaptado de Montenegro, 2001, p. 11.

A aquisição do tipo de lápis grafite depende da finalidade a que ele se destina, mas salientamos que a qualidade do material utilizado também influencia o resultado final. Desse modo, as lojas especializadas em materiais artísticos são as mais indicadas para a compra de qualquer um dos produtos para desenho.

Com o manuseio do lápis grafite, é possível criarmos os mais variados tons, do mais claro ao mais escuro, conforme sua finalidade. No desenho artístico, normalmente usamos o grafite mais macio, sendo o HB e o 2B os mais comumente usados para realizar esboços e traçar as linhas gerais de uma composição. Já o 4B ou 6B são mais utilizados para o sombreamento do desenho – lembrando que quanto maior a numeração (do tipo B), mais teremos como resultado tons escuros, conforme indicado na Figura 2.2[1].

A posição do lápis sobre o papel também influencia a obtenção das diferentes escalas tonais. Segundo Montenegro (2001, p. 16), o lápis precisa ser apoiado entre "o polegar e o dedo indicador a cerca de 4 ou 5 centímetros da ponta, de modo que a mão fique apoiada no dedo mínimo e a ponta do lápis esteja bem visível."

Na realização de esboços, indica-se que o lápis esteja posicionado em um ângulo aproximado de 90° sobre o papel para a obtenção de linhas. No sombreamento, sugere-se que o lápis seja posicionado em um ângulo de 30° para conseguirmos um efeito esfumado. Esta última estratégia é adotada para que o lápis não crie riscos indesejados sobre o papel e seja possível obter somente as tonalidades de cinza com o esfumado do grafite. Além de um lápis grafite de boa qualidade, precisamos nos preocupar também com papéis[2] destinados para o desenho a fim de garantirmos o resultado gráfico desejado (Montenegro, 2001).

Podemos criar desde os tons mais claros (áreas com mais luz) até os mais escuros (áreas com mais sombra); juntos, os tons claros e escuros podem dar uma sensação visual de volume quando concebemos dado objeto. O efeito *dégradé*, obtido com o uso de luz e sombras, pode ser realizado de diferentes formas: traços precisos feitos em um único

Figura 2.2 – Escala tonal do grafite

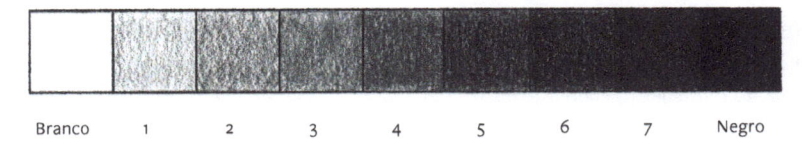

---

1 Para saber mais sobre o grafite e outros materiais gráficos, consulte Mathoso (2016).

2 Comentaremos sobre o suporte papel nas seções seguintes.

sentido perpendicular, traços entrecruzados (que são as hachuras[3]), pontilhados realizados com a ponta do lápis grafite ou o efeito esfumado. É importante salientar que cada um desses tratamentos gráficos proporciona uma linguagem e transmite uma mensagem específica (Hallawell, 1996).

Um material que é muito utilizado no desenho artístico é o esfuminho[4], que adveio do *sfumato*[5]. Trata-se de uma espécie de lápis feito com papel que "apaga" algumas linhas de contorno do desenho, criando áreas sombreadas. À medida que sua ponta vai ficando suja pelo acúmulo de grafite, é possível "descascá-lo" para renová-lo e continuar com seu manuseio. O uso desse material, conforme indicamos, proporciona o efeito esfumado

---

3 "Hachurar [...] é o processo de criar imagens usando linhas entrecruzadas sobrepostas. Essa é a técnica europeia mais tradicional do bico-de-pena. [...] O tipo de hachura é determinado pelo tipo de pena que você usar. A hachura [...] pode ser feita com linhas retas, curvas ou rabiscadas. Quanto mais grossas, mais próximas umas das outras e mais entrecruzadas, mais densa e escura será a área hachurada. Então o efeito de *dégradé* e a modelagem do volume podem ser obtidos de várias maneiras. Usando linhas retas, você pode variar a quantidade de linhas entrecruzadas verticais, horizontais e inclinadas, desde que use a mesma espessura de pena e mantenha a mesma distância entre as linhas. Outras opções são variar o espaço entre as linhas, mas manter a quantidade de linhas uniforme, ou variar a grossura delas. Linhas curvas podem indicar melhor o sentido da curvatura de um plano, mas são usadas da mesma maneira que linhas retas. Linhas rabiscadas são feitas em todas as direções, e a modelagem é conseguida com uma mistura de todos os recursos." (Hallawell, 1996, p. 19).

4 "O esfuminho serve para espalhar uniformemente a grafite, dando um aspecto real ao desenho. Ele é feito de papel jornal compacto enrolado." (Maia, 2016).

5 "Leonardo [da Vinci] é autor de obra artística e científica, célebre por seus escritos, pelos retratos e pela invenção da técnica do *sfumato*, em que se vale da justaposição matizada de tons e cores diferentes, de modo que se aproximem, 'sem limites ou bordas, à maneira da fumaça', nas palavras do próprio artista. Com isso Leonardo logra suavizar os contornos característicos da pintura do início do século XV, revelando as potencialidades da tinta a óleo. No período florentino, entre 1500 e 1506, realiza os célebres *Mona Lisa*, a pintura mural da *Batalha de Anghiari* (Pallazio Vecchio, Florença) destruída e preservada em cópias feitas por outros artistas – que influenciará os pintores de batalhas até o século XIX – e *A virgem e o menino com Sant'Ana*, tratando de tema que o fascinava na época. O sorriso enigmático, as sombras, o dedo indicador elevado e as fartas cabeleiras são traços salientes dos retratos de Leonardo, repetidos pelos seguidores" (Enciclopédia Itaú Cultural, 2016l).

e normalmente é utilizado para desenhos que pretendem retratar fielmente a realidade objetiva concreta. Veja um exemplo de utilização de esfuminho na Figura 2.3.

Outro material utilizado para amenizar o excesso de grafite ou corrigir imperfeições no desenho é a borracha limpa-tipo[6]. Trata-se de um material encontrado nas cores cinza e azul, que pode ser usado aos poucos sobre o papel, sem esfregá-lo sobre o desenho, apenas dando leves palmadinhas com ele sobre o suporte, conforme exemplificado na Figura 2.4.

Para obter um efeito mais gráfico e acabado, temos a caneta nanquim[7] (Figura 2.5). Em relação aos tipos de caneta nanquim, há a permanente cuja ponta (da mais fina até a mais grossa) pode ser trocada e cuja tinta pode ser reposta. Já as canetas descartáveis têm seu tempo de vida útil mais limitado.

O nanquim também pode ser usado na forma líquida, misturado com água e manipulado com pincel para obter transparência e um efeito aquarelado. Já com a caneta (recarregável ou descartável) ou o bico-de-pena conseguimos um resultado mais preciso e detalhado, proporcionando diferentes tipos de texturas com as linhas feitas com o nanquim. Segundo

---

6 "Maleavel [sic] ou limpa-tipo ou miolo de pão: com intensão [sic] de substituir o miolo de pão, ela foi desenvolvida com matérias-primas naturais e fórmula que confere maleabilidade, oferecendo a possibilidade de ser moldada de acordo com a necessidade. Ideal para abrir áreas de luz, remover traços e a poeira do grafite, carvão ou pastel seco que se forma na elaboração do desenho. Evite as coloridas, pois de [sic] algumas marcas deixam manchas da cor dela." (Tiné, 2011).

7 "Na China, na Índia e em outras culturas orientais aplicava-se o nanquim em papel, pergaminhos e telas de seda com pincéis e canetas de bambu. [...] O nanquim veio da China para a Europa, trazido por Marco Polo, e era usado para escrever e para desenhar, servindo-se do chamado bico-de-pena, uma pena de corvo cuja extremidade é apontada. Baseando-se nesses instrumentos foram desenvolvidas penas de aço e, eventualmente, canetas recarregáveis. A maneira de usar o nanquim pelos europeus era muito diferente das técnicas chinesas, porque eram culturas radicalmente diferentes. [...] O chinês sempre usou o nanquim como uma expressão artística, completa em si. Ao contrário, o artista europeu desenhava esboços de observação e preparatórios para pinturas, do mesmo jeito que usava a sanquínea, e só a partir da renascença, no século XV. Até hoje, é uma técnica relacionada com a ilustração, embora tenha se tornado mais comum encontrar artistas se expressando por meio dela." (Hallawell, 1996, p. 17).

Figura 2.3 – Esfuminho

Figura 2.4 – Limpa-tipos

Figura 2.5 – Caneta nanquim

Charles L. Silva

Charles L. Silva

Silvio Gabriel Spannenberg

Figura 2.7 – Bico-de-pena

Figura 2.6 – Alguns tipos de hachura

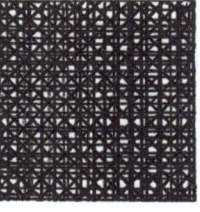

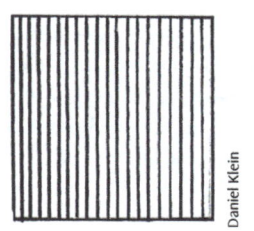

L. Nagy/Shutterstock

Figura 2.8 – Giz pastel

Daniel Klein

Marie C Fields/Shutterstock

64

Hallawell (1996), podemos obter resultados que transmitem (visualmente) temáticas mais expressionistas e/ou dramáticas.

Com o uso do nanquim, é possível criar diferentes traçados sobre o papel, o que enriquece o desenho no que diz respeito às informações visuais que se pretende transmitir. Podemos usar os traços entrecruzados, que são as hachuras, para variar as linhas do desenho, podendo ser usados, por exemplo, nos *storyboards*. Veja exemplos de hachuras na Figura 2.6.

A nanquim do tipo bico-de-pena[8] é uma espécie de caneta em que vamos molhando sua ponta fina de metal diretamente no nanquim líquido para realizarmos o desenho sobre o papel (Figura 2.7). Com esse material também é possível realizarmos hachuras.

No que se refere ao uso de cores, temos o lápis de cor comum ou aquarelado e o giz pastel seco ou oleoso (Figura 2.8), cada qual com uma especificidade. Nos casos do giz pastel seco e do carvão, é necessário o uso de *spray* fixador para que os desenhos não sejam apagados. O carvão também é utilizado para realizar desenhos mais soltos e gestuais, e o suporte indicado é o papel *kraft*.

---

[8] "Hoje existem muitas canetas e penas no mercado. As penas tradicionais são acopladas a uma haste e têm diversos formatos, o que permite criar uma variedade muito grande de traços. [...] Há alguns anos, grandes fabricantes procuram produzir canetas de carga que podem substituir as penas tradicionais. Isso exigiu que fosse desenvolvida uma tinta que não depositasse resíduos, que entopem as canetas de carga. Já existe uma tecnologia muito avançada que permite deixar a tinta por vários dias sem causar problemas em canetas do tipo radiográficas. Essas canetas possuem penas cambiáveis de diversas espessuras; a mais fina é 0.1, a mais indicada para o trabalho artístico. São perfeitas para trabalhos pontilhados, mas não muito indicadas para desenhos hachurados, ou lineares, porque não permitem variar a grossura de determinada linha como no bico-de-pena tradicional, prejudicando a riqueza da expressão linear." (Hallawell, 1996, p. 17).

Hallawell (1996, p. 15) comenta que:

> Trabalhar com lápis de cor é, tecnicamente, como trabalhar com lápis comum. Usam-se os mesmos recursos, somados à exploração da cor. No entanto, o lápis de cor é feito com o mesmo material que o pastel oleoso[9], contendo mais argila, e não tem a variação de dureza do grafite, em lápis da mesma linha, mas marcas e linhas diferentes têm gradações diferentes.

Acerca do uso dos materiais artísticos, Lizárraga e Passos (2007) afirmam que, atualmente, há uma vasta gama de opções no mercado que se encontram disponíveis para os artistas na área do desenho e da pintura, como lápis grafite, pincéis, tintas, entre outros produtos, nacionais ou importados, para atender às necessidades individuais de cada artista. Porém, em se tratando da arte contemporânea, o artista, de acordo com sua poética individual, pode utilizar tais materiais para materializar as questões conceituais que deseja representar. Nesse sentido, o artista pode até mesmo inventar sua técnica, como usar fios de arame como linhas de desenho para construir desenhos no espaço.

Desse modo, constatamos a variedade de materiais para as mais diferentes finalidades. Lizárraga e Passos (2007) também apontam o uso do computador, que atende não somente a arte digital, mas também as artes gráficas, a arquitetura e o *design*. Essa última área não depende dos materiais que estamos estudando nesta seção. O *designer* utiliza inúmeros programas e *softwares*[10] que possibilitam uma infinidade de aplicações nas mais variadas funções e áreas de atuação.

---

9 "O pastel oleoso e o giz de cera, ou o creiom, são, basicamente, iguais, embora haja diferença na composição dos materiais de cada um. [...] O pastel oleoso é uma mistura de giz de cera, que contém mais enchimento (cera, argila, ou ambas) e menos pigmento, o que o torna mais duro e menos versátil, mas ambos são manejados da mesma maneira." (Hallawell, 1996, p. 33).

10 Não estudaremos o desenho digital por não se tratar do foco desta obra.

2.1.2 O uso de materiais não convencionais no desenho

Atualmente, os artistas visuais encontram uma multiplicidade de materiais que muitas vezes são inusitados pelo seu uso não convencional. Derdyk (1994) enfatiza a existência dos desenhos que são concebidos e realizados pelo ser humano, mas afirma que, além deles, podemos vislumbrar formas inesperadas que encontramos na natureza e ao nosso redor. Se observarmos atentamente o mundo que nos cerca, descobriremos a presença do desenho em rachaduras nas paredes, na palma das mãos (digitais), em conchas do mar etc. Enfim, podemos pensar o desenho para além do papel e dos materiais tradicionais e estender suas possibilidades de acordo com nossas explorações poéticas e conceituais.

Sob o prisma da história da arte, constatamos que a exploração de novos materiais na pintura se iniciou com a colagem cubista (Figura 2.9), movimento em que os artistas misturavam elementos do cotidiano, como pedaços de jornal e tecido e palha de cadeira, com a tinta sobre a tela.

Para entendermos um pouco sobre a colagem cubista e seu procedimento técnico, segue uma reflexão sobre o assunto:

> No momento do *cubismo sintético*, elementos heterogêneos – recortes de jornais, pedaços de madeira, cartas de baralho, caracteres tipográficos, entre outros – são agregados à superfície das telas, dando origem às famosas colagens, amplamente utilizadas a partir de então. O nome do espanhol Juan Gris liga-se a essa última fase e o uso do papel-colado torna-se parte fundamental de seu método. Outros pintores como Fernand Léger, Robert Delaunay, Sonia Delaunay-Terk, Albert Gleizes, Jean Metzinger, Roger de la Fresnaye se associam ao movimento. (Enciclopédia Itaú Cultural, 2016c)

Na contemporaneidade, há desenhos feitos com os mais diversos materiais, como é o caso da comida nas obras do artista visual brasileiro Vik Muniz[11] (Figura 2.10), que reproduz algumas obras clássicas da história da arte com molho de macarrão, açúcar e chocolate.

Nas obras do artista visual Leonilson,[12] os desenhos e as poesias são inscritos sobre o tecido, e a linha de costura acaba se tornando um instrumento de desenhar, como você pode observar na Figura 2.11

Hoje, os artistas podem explorar diversos materiais (convencionais ou não) e integrá-los ao seu processo de criação, como os tecidos bordados por Leonilson. Nesse sentido, tais materiais podem estar impregnados de significados simbólicos, afetivos, entre outros.

Figura 2.9 – *Bottle and Wine Glass on a Table*, de Pablo Picasso

Figura 2.10 – *The Steerage (after Alfred Stieglitz)*, de Vik Muniz

PICASSO, Pablo. **Bottle and Wine Glass on a Table**. 1912. Carvão, tinta, jornal recortado e colado e grafite sobre papel: color.; 62,5 × 47,6 cm. The Metropolitan Museum of Art, New York.

MUNIZ, Vik. **The Steerage (after Alfred Stieglitz)**, from the series "Pictures of Chocolate". 2000. Silver dye bleach print. 37 3/4 × 30 1/4 in. 95,9 × 76,8 cm. Gift of Melva Bucksbaum. New York, The Jewish Museum.

---

11 Leia um pouco mais sobre a produção desse artista consultando Enciclopédia Itaú Cultural, 2016m.

12 Saiba mais sobre a vida e a obra de Leonilson consultando o texto da Enciclopédia Itaú Cultural (2016i).

Assim, podemos nos deparar com obras que ainda são elaboradas com os materiais convencionais do desenho, como lápis e papel, mas há também com os mais inusitados, como a pólvora, exemplo que encontramos em obras do artista chinês Cai Guo-Qiang.

> Procure pesquisar sobre as obras de Cai Guo-Qiang e perceba como esse artista usa materiais inusitados em suas produções, como a pólvora para confeccionar desenhos sobre o papel. Na página indicada a seguir, as obras desse artista estão dispostas em ordem cronológica.
> GUO-QIANG, C. Disponível em: <http://www.caiguoqiang.com/projects>. Acesso em: 9 jun. 2016.

Segundo Menezes (2007), a arte contemporânea pode ser considerada **plural**, pois muitas vezes envolve mais de uma linguagem artística, além de convidar os artistas para a experimentação de materiais que usualmente não integram o mundo da arte, como a pólvora no trabalho de Guo-Qiang e o chocolate na obra de Muniz. Nesse ponto, constatamos que a arte contemporânea está muito próxima de nós e se apropria de materiais e questões de nosso cotidiano, tornando-se, desse modo, um terreno fértil para ser explorado pelos professores de Arte.

Figura 2.11 – *Provas de amor*, de Leonilson

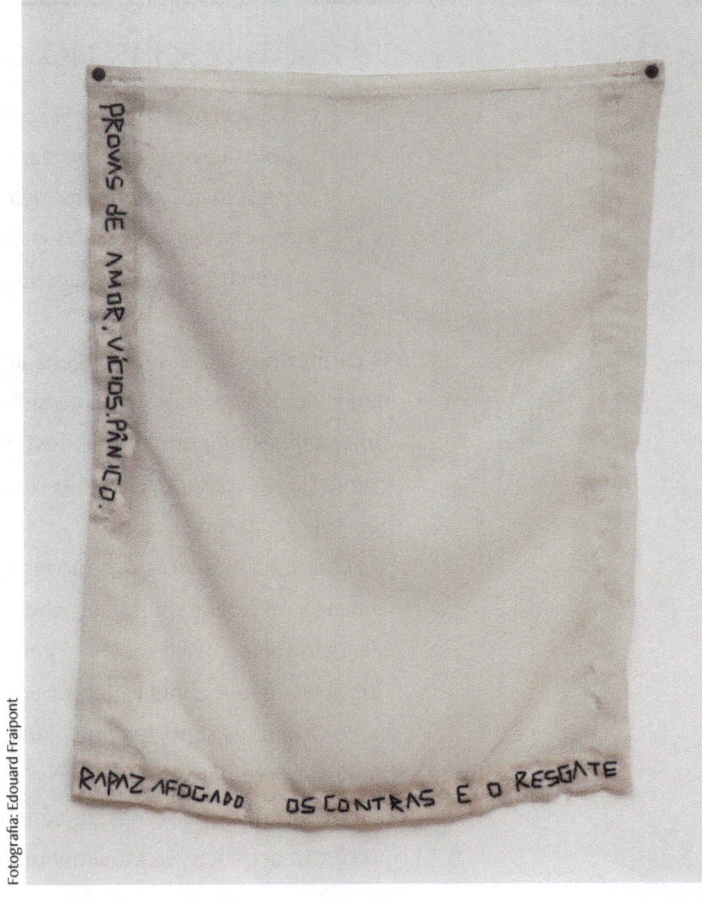

LEONILSON. **Provas de amor**. 1991. Linha sobre lona e *voile*: color.; 50 × 37 × 0 cm.

Fotografia: Edouard Fraipont

2.2 Algumas possibilidades de suporte utilizadas no desenho

> *Existem os desenhos criados e projetados pelo homem, existem os sinais evidenciando a passagem do homem, mas também existem as inscrições, desenhos vivos da natureza: a nervura das plantas, as rugas do rosto, as configurações das galáxias, a disposição das conchas na praia. Estes exemplos nos fazem pensar a respeito das ideias que se tem do desenho, ampliando suas possibilidades materiais de realização.* (Derdyk, 1994, p. 20)

O caráter híbrido das linguagens artísticas na contemporaneidade expandiu as possibilidades do artista em relação ao suporte, que agora não se limita mais somente ao papel. Hoje, o desenho pode se manifestar de diversas formas: como vimos, a linha pode surgir com o fio de costura sobre o tecido, pode ser perfurada sobre o papel, riscada com carvão sobre a parede etc.

Enfim, há inúmeras produções que resultam do processo poético do artista, de seu universo pessoal e/ou do seu cotidiano. Ao fugir da maneira convencional de desenhar, o artista reinscreve essa linguagem para além dos moldes tradicionais e revela seu espírito investigativo: uma redescoberta do desenho e uma reinvenção de possibilidades de explorar outros suportes que não os convencionais.

O suporte para o desenho na arte contemporânea não é mais predeterminado por cânones tradicionais, mas se constitui como parte do desenvolvimento processual da produção artística. Se atualmente há uma possibilidade quase infinita de materiais para desenhar, podemos constatar os mais diversos suportes para o desenho. Nesse caso, citamos a artista visual brasileira Sandra Cinto, que em alguns de seus trabalhos desenha diretamente sobre a tela ou a parede, conforme você pode observar na Figura 2.12.

O crítico e curador de arte Tadeu Chiarelli escreveu o artigo intitulado "O drama de Sandra Cinto", que integra o livro intitulado *Catálogo Sandra Cinto*, lançado durante a exposição da artista na Galeria Casa Triângulo em São Paulo, no ano de 2002. No texto de Chiarelli (2002), há uma investigação acerca da obra de Cinto, que revela a dificuldade de "enquadrar" o trabalho da artista, uma vez que podem ser identificadas várias linguagens integradas ao mesmo tempo, como pinturas, objetos, instalações, desenhos e fotografias. A produção de Cinto é reflexo da arte contemporânea se considerarmos questões como a pluralidade de manifestações e experimentações de suportes e materiais.

Figura 2.12 – *Encontro das águas*, de Sandra Cinto

CINTO, Sandra. **Encontro das águas**. 2012. Caneta permanente e acrílica sobre parede: color.; dimensões variáveis. Seattle Art Museum Olympic Sculpture Park Pavilion, Seattle, EUA.

Fotografia: Robert Wade

Figura 2.13 – *Canto brocado*, de Brígida Baltar

BALTAR, Brígida. **Canto brocado** (detalhe da instalação *Passagem Secreta*). 2007. Pó de tijolo sobre bancada de madeira: color.; dimensões variáveis. Fundação Eva Klabin, Rio de Janeiro.

Figura 2.14 – *Canto brocado*, de Brígida Baltar

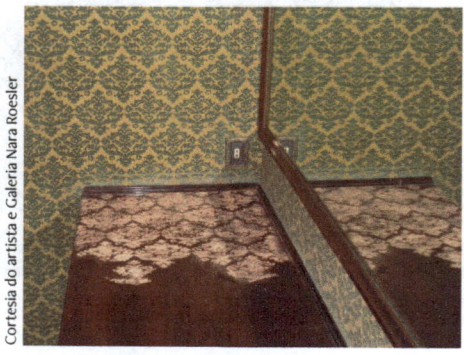

BALTAR, Brígida. **Canto brocado** (detalhe da instalação *Passagem Secreta*). 2007. Pó de tijolo sobre bancada de madeira: color.; dimensões variáveis. Fundação Eva Klabin, Rio de Janeiro.

Outra artista que utiliza materiais não convencionais em seus trabalhos é Brígida Baltar, que iniciou sua produção na década de 1990, em um local que é, ao mesmo tempo, sua casa e seu ateliê. Ela aproxima as questões poéticas de seus trabalhos com alguns elementos que integram sua vida doméstica, entre eles o pó de tijolo (Galeria Nara Roesler, 2016).

> Em 2005, antes de se mudar de casa permanentemente, Baltar juntou e levou consigo grandes quantidades de poeira fina coletada dos tijolos de barro firme. A poeira foi usada em trabalhos posteriores, resultando em desenhos de montanhas e florestas cariocas que, pelo fato de terem sido feitos com a poeira da casa na qual morava, são a afirmação de uma morada coletiva, e não descrições precisas de elevações do terreno e áreas florestadas. Ao invés de serem meramente desenhos com elementos naturais, a obra de Baltar sugere um espaço íntimo (Galeria Nara Roesler, 2016).

Baltar cria uma espécie de estêncil com arabescos e, no lugar da tinta, ela utiliza pó de tijolo para dar forma aos desenhos, que são efêmeros e se dissolvem após sua execução, conforme você pode ver na Figura 2.13.

O resultado final de alguns dos trabalhos dessa artista remete aos desenhos contidos em pisos cerâmicos, que geralmente são feitos para resistir ao tempo. Mas, com Baltar, eles são frágeis e se desmaterializam se transitarmos sobre eles (Figura 2.14).

Como comentamos anteriormente, a arte contemporânea libertou o artista para explorar os mais diferentes suportes para a realização do seu trabalho, fugindo dos elementos tradicionais e utilizando meios antes não explorados, conforme vislumbramos nos trabalhos de Cinto e Baltar. Esse assunto também será abordado na Seção 2.2.2, intitulada "Suportes inusitados para explorar o desenho", na qual comentaremos outros artistas que investigam materiais não convencionais no desenho.

2.2.1 Os materiais clássicos para desenhar: a diversidade de papéis

> *O desenho possui uma natureza específica, particular em sua forma de comunicar uma ideia, uma imagem, um signo, através de determinados suportes: papel, cartolina, lousa, muro, chão, areia, madeira, pano, utilizando determinados instrumentos: lápis, cera, carvão, giz, pincel, pastel, caneta hidrográfica, bico-de-pena, vareta, pontas de toda a espécie.* (Derdyk, 1994, p. 18)

A variedade de papéis para desenhar é imensa e provavelmente não comentaremos sobre todos os tipos existentes. Com relação ao formato, Hallawell (1994) salienta que há um formato padrão, mas sua escolha não pode ser feita de modo aleatório, uma vez que a proporção da folha do papel utilizada no desenho segue as regras da proporção áurea, "termo cunhado na Grécia Antiga por estudiosos de matemática e estética, que significa a proporção perfeita" (Hallawell, 1994, p. 15). Desse modo, a maioria das folhas de papel artístico disponíveis no mercado são retangulares (nas versões A4, A3, A2, A1 etc.), com exceção dos papéis vendidos em rolo (com largura de 1,5 m e 10 m de comprimento). Além disso, muitos artistas usam os mais diversos materiais, como guardanapo de papel, folha de caderno, folha de agenda, entre outros.

Hallawell (1996) diz que os papéis artísticos considerados mais nobres são os confeccionados com fibras de algodão puro e os papéis mais comuns são feitos com fibras de madeira. O tratamento químico dos papéis artísticos é feito para ter pH de 6,5 ou 7,0, para ser neutro, ou seja, não ser ácido nem alcalino (Hallawell, 1996, p. 9). Os papéis com alto grau de acidez adquirem tom amarelado e aspecto quebradiço com o tempo, mas o "fato de ser neutro não significa que o papel será permanente nem que terá durabilidade" (Hallawell, 1996, p. 9).

No caso de papéis mais artísticos, há diversas gramaturas (pesos) e graus de pureza (quanto mais nobre é o papel, menor é seu grau de acidez). Dizemos então que ele tem um PH neutro. Isso influencia a conservação do papel, evitando desgastes ou problemas como a proliferação de fungos.

Há papéis mais adequados à técnica utilizada. Na aquarela, o suporte deve ser mais resistente à água. Na gravura em metal, o papel deve ser umedecido (para não quebrar suas fibras) e depois submetido à prensa. Nesses casos, a escolha do papel é fundamental para a obtenção do resultado desejado, que está diretamente relacionado com sua qualidade e suas especificidades. Além disso, a quantidade de algodão presente na composição do papel define seu grau de pureza e maciez.

Em relação à classificação, Hallawell (1996, p. 9) afirma que

> Os papéis são classificados por seu peso, em gramas por metro quadrado, ou em libras, correspondendo ao peso de uma resma de 500 folhas medindo 22 × 30

polegadas, e pela maneira em que foram prensados, a frio ou a quente. Papéis de desenho pesam, geralmente, abaixo de 100 g/m², enquanto os bons papéis de aquarela pesam por volta de 300 g/m² (140 lbs), bastante grossos para resistirem bem e evitarem ondulação.

Os papéis também podem ser adquiridos em blocos (os tamanhos variam entre A4 e A1), em rolos (de 10 m com 1,50 m de largura) ou folhas soltas (até o tamanho A0). Quanto mais nobre for o papel, mais elevado será seu custo. Os papéis mais duráveis são os que contêm fibras de algodão em sua composição e podem durar mais de 100 anos sem perder suas características originais. Já os que apresentam polpa de madeira precisam passar por tratamento químico para preservar suas propriedades. Já papéis como o *kraft* e o sulfite têm qualidade bem inferior em comparação aos feitos de algodão (Hallawell, 1996). Com relação às marcas de papel, as mais utilizadas são Fabriano, Hahnemühle e Canson®, que apresentam as mais diversas gramaturas, texturas e finalidades.

De acordo com Hallawell (1996, p. 10):

> Os papéis podem ser prensados a frio ou a quente (*cold press* ou *hot press*), o que determina o acabamento e a textura do papel. Os prensados a frio são de textura mais bruta do que os prensados a quente, geralmente muito lisos. [...] Os papéis de desenho do tipo *hot press* são prensados entre rolos quentes e são muito lisos, enquanto os papéis de aquarela do tipo *hot press* são formados usando uma tela fina de arame, tendo uma textura fina.

Esses papéis podem ser utilizados também para gravura, aquarela, desenho etc. No caso do desenho, é possível usar o lápis grafite, o lápis de cor, o nanquim, a aquarela, entre outros materiais para explorar esse tipo de suporte. Se pensarmos na relação custo-benefício para os iniciantes no desenho, é importante investir em materiais de qualidade para que seja alcançado um resultado satisfatório.

2.2.2 Suportes inusitados para explorar o desenho

Na arte contemporânea, podemos considerar, para a construção do trabalho artístico, algumas possibilidades formais e conceituais que extrapolam os materiais e suportes tradicionais. Nesse sentido, o artista pode se apropriar das linhas dos postes de iluminação e relacioná-las com as linhas do desenho, que contornam o céu das grandes metrópoles.

Um dos artistas que utilizam materiais inusitados é a brasileira Edith Derdyk. Em uma de suas obras, linhas de costura ocupam todo o espaço expositivo.

> Conheça algumas obras da artista Edith Derdyk. Entre suas produções, você consegue identificar aquelas feitas com linha? Quais são elas? Acesse seu site oficial:
> EDITH DERDYK. Disponível em: <http://www.edithderdyk.com.br/portu/menu_serie.asp?cod_Artista=1>. Acesso em: 9 jun 2016.

Nos trabalhos de Derdyk, a linha é incorporada como um material que constrói a obra, adquirindo um sentido poético, como o ir e vir da linha durante o ato de costura e do entrelaçamento dos fios sobre o tecido (Derdyk, 1997).

Hoje, não são descartados os materiais convencionais, mas dilatam-se as possibilidades que estão disponíveis. O processo de pesquisa faz do artista um observador atento para investigar e explorar os materiais que integram sua realidade cotidiana, uma vez que eles são parte da história e reflexos da vida do produtor da obra.

A artista francesa Louise Bourgeois também trabalha com materiais diferenciados, deixando a marca de suas impressões sobre o mundo no suporte papel, que se torna uma espécie de extensão de seu próprio corpo e de seus pensamentos, reflexões e expressões.

No que diz respeito à relação entre o desenho e o suporte, Salles (2007, p. 42) comenta sobre a produção de Bourgeois, afirmando o seguinte:

> Quando falamos em anotações, de um modo geral, e especialmente de desenhos, sempre aparece uma relação sensível com o suporte – tipo de papel e cadernos – e com os instrumentos. Usemos as palavras de Louise Bourgeois [2000, p. 305] para ilustrar esse aspecto que envolve o ato de desenhar: "Faço os desenhos em papel do tamanho de caderno, que é confortável para manusear na cama. Às vezes os desenhos são em papel pautado, ou uso o papel quadriculado de um caderno francês. O quadriculado é muito pacífico. Gosto das diversas qualidades de papel".

No trabalho de Bourgeois (Figura 2.15), temos o papel pautadas para música (normalmente usado para compor músicas e arranjos musicais),

Figura 2.15 – *The Insomnia Drawings*, de Louise Bourgeois

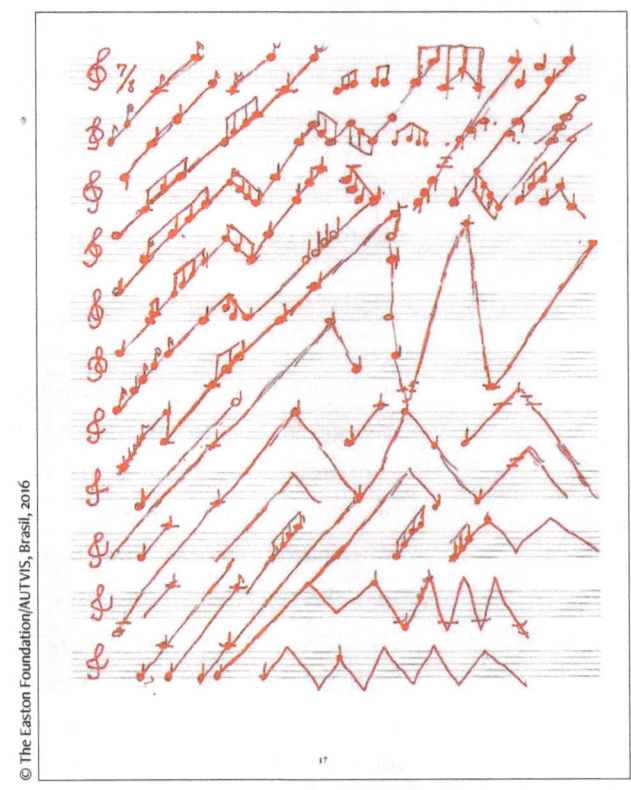

BOURGEOIS, Louise. **The Insomnia Drawings** (detalhe). Tinta sobre papel de música: color.; 27 × 20,8 cm. Daros Collection, New York.

que "invade" o campo das artes visuais, assumindo *status* artístico, juntamente com a caneta esferográfica, um material de uso comum na escrita.

Desse modo, pensamos na relação entre arte e vida que se constitui como uma das premissas da arte contemporânea, em que o artista aproxima duas realidades em um mesmo contexto. No caso de Derdyk, é a linha de costura que entra no espaço expositivo (como você pôde observar no *site* da artista), e Bourgeois utiliza folhas de caderno – um objeto do cotidiano – como suporte para o desenho.

Síntese

Neste capítulo, você conheceu alguns dos principais materiais gráficos utilizados tanto nas artes visuais quanto nas artes aplicadas. Constatamos seu uso na realização de esboços e em projetos de trabalho; ambos objetivam a materialização de determinada ideia por meio de imagens (desenho).

No que diz respeito ao suporte, conhecemos um pouco mais sobre os tipos de papeis utilizados nas artes visuais e aplicadas, assim como suas especificidades técnicas em relação à gramatura, ao grau de acidez, aos tipos e aos formatos existentes.

Além dos materiais artísticos/técnicos mais tradicionais, conhecemos outros materiais inusitados, observados no desenho de artistas contemporâneos, como a linha de costura sobre tecido, o chocolate e o pó de tijolo.

Indicação cultural

CHING, F. D. K., JUROSZEK, S. P. **Desenho para arquitetos**. 2. ed. Porto Alegre: Bookman, 2012.

> No capítulo intitulado *Desenho de observação* do livro *Desenho para arquitetos*, de Francis D. K. Ching e Steven P. Juroszek, há uma explicação detalhada (e ilustrada) sobre tons (sombreamento) e texturas (hachura).

Atividades de autoavaliação

1. No que diz respeito a alguns dos mais importantes materiais gráficos e técnicas relacionadas com o desenho artístico, relacione os itens a seguir com a descrição correspondente.
   a) esfuminho
   b) limpa-tipos
   c) *sfumato*
   d) Canson®

   ( ) É uma marca de papel artístico bastante utilizada pelos artistas visuais.
   ( ) É uma técnica de desenho realizada com materiais como o lápis grafite; consiste na obtenção dos mais variados tons de cinza para dar o efeito visual de volume.
   ( ) Trata-se de uma espécie de lápis feito com papel, que apaga algumas linhas de contorno do desenho e faz com que estas se transformem em sombra para dar a sensação visual de volume.
   ( ) É um material encontrado nas cores cinza e azul pode ser utilizado aos poucos sobre o papel, sem esfregá-lo sobre o desenho para apagá-lo ou suavizá-lo.

2. A reflexão a seguir traz uma explanação sobre as manifestações artísticas no Período Paleolítico. Escolha a alternativa que apresenta a sequência de termos que preenche corretamente as lacunas do texto:

   A _____ é conhecida pelos registros iconográficos chamados de _____, que nada mais são do que inscrições gráficas realizadas diretamente no interior das cavernas e confeccionadas com pigmentos retirados da _____. Desde então, o homem vem se aperfeiçoando para inventar materiais e ferramentas, como utensílios domésticos, armas de caça e até mesmo _____, com o intuito de preservar a espécie e de se expressar/comunicar.

   a) Pré-História; pinturas rupestres; natureza; materiais artísticos.
   b) natureza; materiais artísticos; Pré-História; pinturas rupestres.
   c) natureza; materiais artísticos; Pré-História; pinturas rupestres.
   d) natureza; pinturas rupestres; Pré-História; materiais artísticos.

3. Assinale a(s) alternativa(s) corretas(s):
   a) No que diz respeito ao desenho, o grafite é um dos materiais mais usados e conhecidos para realizar esboços e trabalhos acabados.
   b) O grafite apresenta uma gama imensa de marcas e variações no grau de resistência e maciez.
   c) Quanto menor a resistência do grafite, melhor seu uso para fins como a escrita e para projetos arquitetônicos.
   d) Os grafites de resistência maior são melhores para realização de desenhos mais artísticos, permitindo executar maiores gradações de luz e sombra.

4. Assinale a alternativa **incorreta**:
   a) Os papéis artísticos apresentam-se em diversas gramaturas e graus de pureza, ou seja, têm vários graus de acidez até o pH neutro.

b) O pH do papel influencia sua conservação; quanto maior for a acidez do papel, menos problemas haverá com o surgimento de fungos.

c) Os papéis podem ser adquiridos em bloco, em rolos ou em folhas soltas. Quanto mais nobre for o papel, mais elevado será seu custo.

d) As marcas de papéis mais utilizadas são Fabriano, Hahnemühle e Canson®.

5. As imagens a seguir são desenhos contemporâneos das artistas brasileiras Sandra Cinto e Brígida Baltar. Observe atentamente seus trabalhos e relacione-os com as características descritas nas alternativas em seguida:

a) *Encontro das águas*, de Sandra Cinto   b) *Canto brocado*, de Brígida Baltar

( ) A artista confecciona desenhos com elementos efêmeros, como o pó de tijolo.
( ) A artista realiza desenhos diretamente sobre a parede do espaço expositivo, criando linhas delicadas e sutis.
( ) A artista produz desenhos que remetem a arabescos de caráter "decorativo".
( ) A artista se inspira em elementos da natureza como as ondas do mar.

Atividades de aprendizagem

Questões para reflexão

1. A Casa Triângulo é uma galeria de arte contemporânea brasileira fundada em 1988, na cidade de São Paulo. É considerada uma das mais importantes galerias de arte do Brasil e abarca a produção de renomados artistas nacionais e internacionais, como Sandra Cinto. Essa galeria concebeu um portfólio virtual com as obras, o currículo e um texto crítico sobre a produção da artista. Acesse o *site* e faça o *download* do portfólio digital dela (arquivo no formato PDF) no seguinte endereço eletrônico:

   CASA TRIÂNGULO. **Sandra Cinto**. São Paulo, 2016. Catálogo de exposições individuais. Disponível em: <http://casatriangulo.com/media/pdf/sandra_cinto_portfolio_2016_web_4.pdf>. Acesso em: 9 jun. 2016.

   Contemple demoradamente as obras da artista e perceba a diversidade de suportes e linguagens que permeiam sua produção. Muitas vezes, a artista "invade" o espaço expositivo, preenchendo as paredes com seus delicados desenhos feitos à mão. Depois, leia o texto "Um mar só onda", do crítico e curador de arte Jacopo Crivelli Visconti (páginas 56 e 57).

   A crítica literária também se trata de uma criação (no caso, literária) e comumente é feita por um crítico de arte. Trata-se de uma reflexão sobre os trabalhos artísticos que normalmente elucidam e intermedeiam a relação entre o artista e a obra. Com base nessa premissa, comente com seus colegas as obras de Sandra Cinto e o texto crítico. O que você achou das obras da artista? Quais elementos e obras mais chamaram sua atenção? O texto foi elucidativo?

2. O uso de materiais não convencionais nas artes visuais pode provocar a discussão sobre questões socioambientais, como a sustentabilidade. Tomando como exemplo o trabalho do artista Vik Muniz, que fez uso de materiais não convencionais e descartados pela sociedade, assista ao documentário intitulado *Lixo extraordinário* e perceba como a arte pode mudar a vida das pessoas e como um material que foi descartado pode virar arte. Discuta com seus colegas sobre as questões que mais chamaram sua atenção no documentário sobre Muniz, lembrando que a arte contemporânea também pode assumir um compromisso de caráter social e ambiental.

   O documentário pode ser assistido na íntegra no seguinte endereço:

   LIXO extraordinário – documentário completo. Disponível em: <https://www.youtube.com/watch?v=ibctyQ9aU5khttps://www.youtube.com/watch?v=ibctyQ9aU5k>. Acesso em: 9 jun. 2016.

Atividades aplicadas: prática

1. Pesquise lojas de materiais artísticos disponíveis na sua cidade e escolha uma delas. Dirija-se até a loja (ou realize a compra via internet em lojas virtuais confiáveis) e adquira os seguintes materiais artísticos (se ainda não os tiver): um lápis grafite HB, um lápis grafite 6B, uma borracha branca (específica para desenho), um esfuminho, uma caneta nanquim descartável (0,5 ou 0,8 mm), um bloco de papel Canson® A3 na cor branca e gramatura 200 g/m². Pronto, você já tem à sua disposição alguns dos materiais básicos para exercitar o desenho nas aulas. Agora que está com esses materiais, experimente cada um deles da seguinte maneira: destaque uma folha de papel Canson® e a apoie sobre uma mesa de superfície lisa. Caso não tenha um local adequado, sugerimos que coloque um papel mais grosso sob a folha de Canson®

(sugestão: pode ser a última folha do bloco, que é mais grossa e resistente). Depois, fixe a folha de Canson® com fita crepe sobre a mesa, para evitar que ela se solte enquanto você executa seu trabalho gráfico. Finalmente, use os dois lápis grafite (HB e 6B), fazendo alguns traços sobre a folha, e perceba a diferença desses materiais, a resistência de um (HB) e a maciez do outro (6B). Não se esqueça de inclinar levemente o lápis ao realizar essa atividade. Com a caneta nanquim, realize traços cruzados para criar algumas hachuras, ora com linhas mais afastadas (para criar áreas mais claras), ora com linhas mais próximas (para áreas mais escuras). Você perceberá que, ao intercalar essas áreas, criará um efeito de luz e sombra (volume) que, mais tarde, poderá usar em objetos e formas reconhecíveis.

2. A artista francesa Louise Bourgeois utilizava caneta esferográfica para realizar alguns dos seus trabalhos artísticos, subvertendo o caráter usual desse material gráfico (dedicado para a escrita). Além disso, como mencionamos, ela desenhava no papel pautado normalmente destinado para aulas de música ou para composições musicais. Com base no conteúdo estudado sobre a obra de Bourgeois, utilize a caneta esferográfica sobre o papel pautado para música e faça experimentos gráficos sobre ele: hachuras, linhas, pontos etc. Aventure-se para realizar alguns desenhos sobre o papel.

Sugestão: veja novamente a obra *Encontro das águas*, da artista visual Sandra Cinto (Figura 2.12), que realiza desenhos com caneta permanente sobre parede. Nesse caso, trata-se de um desenho realizado em um ambiente e podemos chamá-lo de *instalação*, por envolver o espaço (interno e externo). Se observarmos a imagem a seguir, perceberemos que o trabalho da artista é constituído com base na repetição de várias linhas (retas, circulares e curvas).

3

Aspectos formais
do desenho

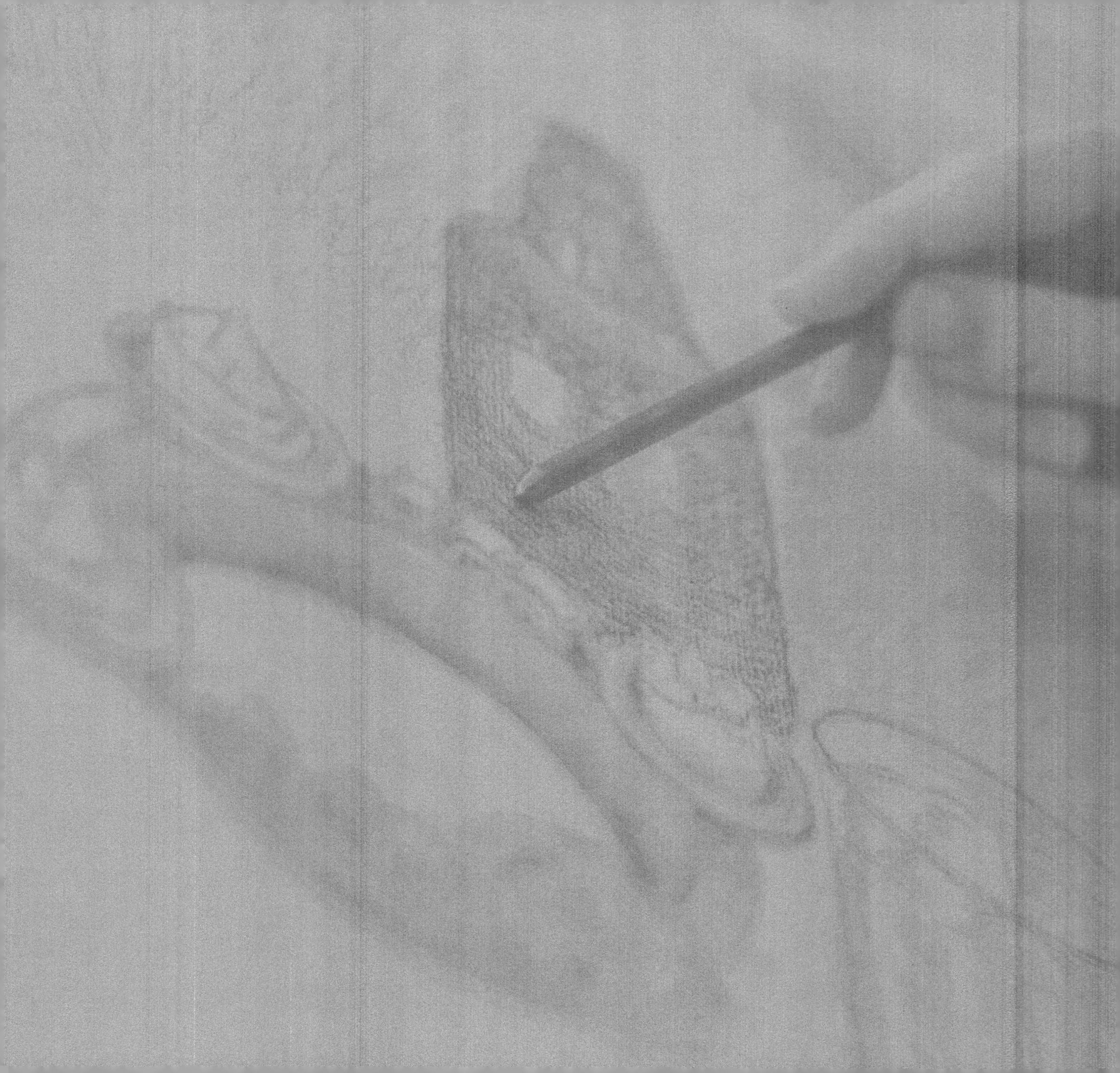

Neste capítulo, trataremos da função do esboço na arquitetura e nas artes visuais. Levantaremos algumas das principais questões que envolvem esse tipo de desenho, como o uso da luz e da sombra no trabalho artístico, entendendo o uso do desenho como elemento integrante da linguagem visual. O principal objetivo deste capítulo é fazer com que você conheça e pratique algumas técnicas de desenho, exercitando possibilidades do ponto, da linha, da luz e da sombra.

3.1 O desenho como instrumento gráfico

O desenho é considerado um instrumento gráfico fundamental em várias áreas de atuação, como as artes aplicadas (arquitetura e *design*) e as artes visuais. Pode envolver um esboço para o registro de ideias ou ser usado para a elaboração de trabalhos finalizados, conforme veremos a seguir.

3.1.1 O desenho como esboço nas artes aplicadas e nas artes visuais

No nosso dia a dia, o pensamento lógico e racional é o que predomina. No entanto, no desenho, o emprego da lógica pode levar a conclusões totalmente errôneas. A prática do desenho é, por excelência, a prática do pensamento analógico, ou seja, de comparações: tamanhos, espaços e formas, claro e escuro etc. O desenho é feito de contrastes. É dessa forma que decodificamos o mundo tridimensional e o interpretamos de forma bidimensional (Hallawell, 1994, p. 10).

O **esboço** assume um papel intermediário entre a ideia e a obra finalizada, pois por meio dele é possível materializar a intenção do seu idealizador. Desse modo, constatamos que o esboço é utilizado nas artes aplicadas e nas artes visuais, mas tem uma função diferente em cada uma dessas áreas.

No que diz respeito ao esboço, Dondis (2000) enfatiza sua importância como um instrumento capaz de materializar uma ideia para torná-la palpável, evitando que esta fique somente em nossa imaginação ou que seja esquecida e descartada. Podemos, dessa forma, apresentá-la para outras pessoas e verificar se sua concretização é viável e se pode fundamentar projetos futuros. Nesse processo, é prática recorrente que o esboço seja retomado posteriormente para integrar e complementar novos projetos.

Derdyk (1994) afirma que o cenário urbano em que vivemos atualmente e que é constituído de edifícios, vestuários, veículos de locomoção, móveis, entre outros aparatos necessários para a vida contemporânea, parte inicialmente de projetos idealizados e esboçados, seja da engenharia, seja da arquitetura. Dessa forma, "o desenho participa do projeto social, representa os interesses da comunidade, inventando formas de produção e de consumo" (Derdyk, 1994, p. 37).

Nesse sentido, percebemos a importância do esboço como projeto que futuramente sairá do papel para se concretizar no mundo exterior. Derdyk (1994) ressalta que, com a Revolução Industrial, a sociedade tem estimulado a produção de materiais gráficos em grande escala e o uso do desenho tem se mostrado necessário em diferentes áreas, como nas ilustrações dos livros de biologia e até mesmo na área da matemática. Desse modo, constatamos que o desenho não é utilizado somente nas artes visuais e que o esboço é uma expressão prévia, uma conexão entre o pensamento e o mundo real e concreto para que possamos nos comunicar com outras pessoas.

O livro intitulado *Degas, dança, desenho*, de Paul Valéry (2003), surgiu pelo contato do autor com o impressionista Edgar Degas, o que resultou em algumas reflexões sobre a obra de Degas, que, além de produzir pinturas e esculturas, também desenhava. Valéry (2003, p. 69) comenta que, no desenho, temos o ver e o traçar e que "há uma imensa diferença entre ver uma coisa sem o lápis na mão e vê-la desenhando-a. O autor também ressalta que antes mesmo de o desenho se materializar sobre o suporte ele surge no mundo das ideias".

Degas tinha interesse em retratar cenas do cotidiano, mais especificamente o movimento das bailarinas durante seus ensaios e espetáculos (Figura 3.1). Assim, o artista flagrava algumas cenas inusitadas, como a preparação das dançarinas para aulas ou apresentações, ou realizava cortes na composição (deixando de retratar parte de uma bailarina, por exemplo), o que, na época, tratava-se de uma inovação estilística. Degas utilizava lápis grafite ou giz pastel na realização desses desenhos, que, muitas vezes, tratavam-se de esboços preparatórios para a execução de outra obra, como uma escultura. Desse modo, constatamos que ver o mundo por meio do desenho é materializá-lo, tornando-o palpável para o artista como um registro de suas memórias (Valéry, 2003).

O artista Leonardo da Vinci fez uso do desenho para realizar esboços para projetos futuros de áreas diversas: em registros da anatomia humana, estudos de luz e sombra, preparatório para uma pintura em tela, entre as mais variadas funções. Ele mantinha vários cadernos de anotações nos quais escrevia e desenhava. Tanto o desenho quanto a escrita do artista complementavam suas ideias e projetos, e ambos eram concebidos com riqueza de detalhes, como podemos observar na Figura 3.2.

No que diz respeito ao esboço durante a execução de uma obra, a autora Salles (2007, p. 37) faz uma reflexão, afirmando o seguinte:

> No acompanhamento dos esboços de uma obra, é também possível observar um interessante trabalho de relação entre fragmento e todo. O processo de criação mostra o trabalho do artista com partes, mas essa intervenção, aparentemente parcial, atua sobre o todo. O artista entrega-se ao trabalho de cada fragmento com dedicação plena, e esse trabalho é, por sua vez, sempre revisto na sua relação com a totalidade da obra.

Figura 3.1 – *Bailarinas*, de Edgar Degas

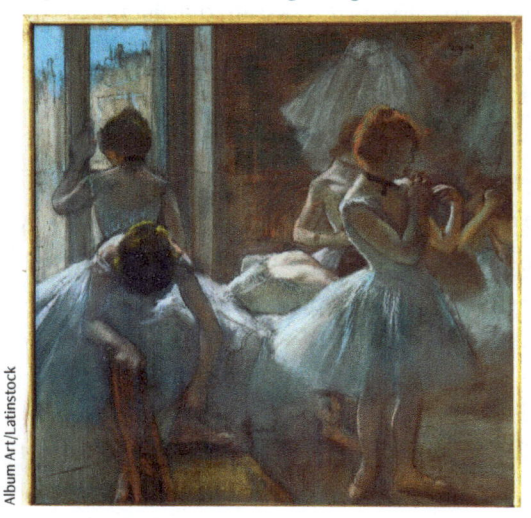

DEGAS, Edgar. **Bailarinas.** 1884. Pastel seco: color.; 75 × 73 cm. Musée d'Orsay, Paris.

Figura 3.2 – Trecho de um caderno de notas de Leonardo da Vinci

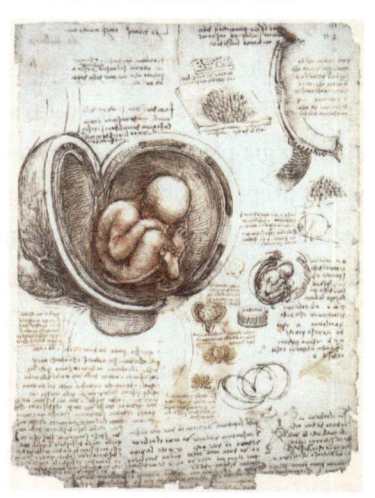

DA VINCI, Leonardo. **Studies of Embryos**. 1509-1514. Giz preto e vermelho, caneta e tinta sobre papel: color.; 305 × 220 mm. Royal Library, Windsor.

Em outro momento, Salles (2010) realizou uma pesquisa sobre a obra do artista visual brasileiro Daniel Senise[1] com base nos cadernos de anotações dele, que se tratavam de escritos e esboços realizados paralelamente às suas produções artísticas. Na realidade, tais registros serviram de subsídio poético durante o processo de feitura das obras de Senise, já que fundam seu projeto artístico. Nesse sentido, Salles (2010, p. 91) relata que

> O artista dedica muitas páginas de suas anotações à história de imagens que só mais tarde receberão tratamento pictórico. Essa história é visualmente narrada, passando por uma seleção inicial que elege e captura algumas imagens dentre a amplitude da oferta no mundo com o qual o artista se relaciona. São momentos de reflexões visuais em preto e branco, em sua maioria, que parecem preparar algumas imagens a ser transportadas para futuras telas em cores. Nesses momentos, Senise trava diálogo claro com a história da arte, na qual muitas de suas imagens são garimpadas.

Desse modo, Senise é instigado por algumas imagens que são recorrentes em sua memória, mas Salles (2010) salienta que é necessário que elas se conectem com outros componentes, como a percepção, a memória e a imaginação para que o processo criativo do artista se efetive. No *site* oficial do artista[2], encontramos imagens de sua produção divididas por décadas, de 1980 até a década de 2010. Infelizmente, não é possível vislumbrar seus desenhos e esboços no *site*, mas a obra intitulada *Tres caminos* (Figura 3.3) contribui para que tenhamos uma ideia de um trabalho finalizado que pode ter partido de um de seus esboços.

---

[1] Para saber mais sobre a biografia de Daniel Senise, consulte o texto da Enciclopédia Itaú Cultural (2016d).
[2] Para conhecer o *site* de Daniel Senise, acesse o seguinte endereço: <http://www.danielsenise.com/daniel-senise/home>.

Figura 3.3 – *Tres caminos*, **de Daniel Senise**

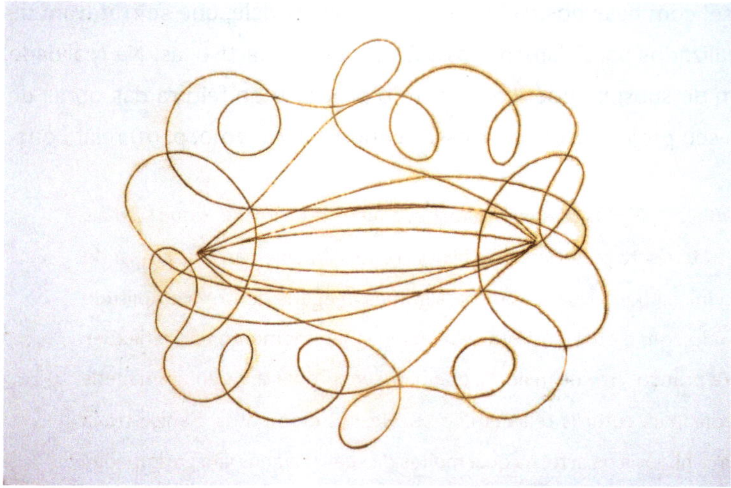

SENISE, Daniel. **Tres Caminos**. 1995. Esmalte sintético e óxido de ferro sobre tela: color.; 267 × 193 cm. Essex Collection of Art from Latin America, Colchester.

Nessa perspectiva, percebemos que o esboço mostra o processo de execução de um dado projeto, o passo a passo em que vislumbramos as escolhas e os caminhos percorridos desde o planejamento até a finalização de uma obra, tanto nas artes aplicadas quanto nas artes visuais.

3.1.2 Luz e sombra no desenho: considerações técnicas

Na história da arte, constatamos que o desenho foi amplamente utilizado e aprimorado desde o período renascentista, tanto nas artes plásticas quanto na arquitetura. Desse modo, aprimoraram-se as técnicas do desenho de observação para representar de modo mais fiel possível objetos, naturezas-mortas, paisagens, pessoas, entre outros elementos.

Nesse sentido, a luz e a sombra viabilizam uma sensação visual de volume e profundidade sobre os elementos retratados, mas para isso é necessário o treino manual e que o executor aprenda a observar atentamente as áreas claras e escuras, assim como a origem e a incidência da luz sobre os objetos.

Conforme Dondis (2000, p. 63),

> A claridade e a obscuridade são tão importantes para a percepção de nosso ambiente que aceitamos uma representação monocromática da realidade nas artes visuais, e o fazemos sem vacilar. Na verdade, os tons variáveis de cinza nas fotografias, no cinema, na televisão, nas águas-fortes, nas gravuras à maneira-negra e nos esboços tonais são substitutos monocromáticos, e representam um mundo que não existe, um mundo visual que só aceitamos devido ao predomínio dos valores tonais em nossas percepções.

Com base no comentário de Dondis (2000), observe a Figura 3.4, que mostra detalhadamente como é a dinâmica da luz e da sombra e quais são os componentes fundamentais no aprendizado para realizar um desenho de observação.

Figura 3.4 – Desenho de luz e sombra

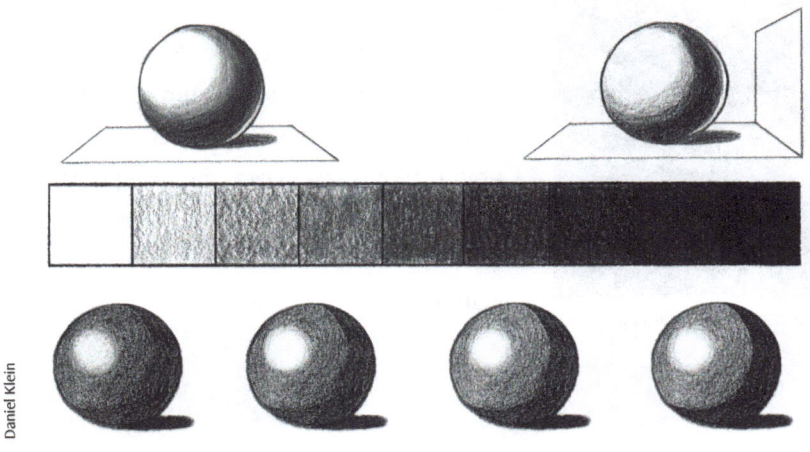

Fonte: Elaborado com base em Tknika, 2016.

Figura 3.5 – *Mona Lisa (La Gioconda)*, de Leonardo da Vinci

DA VINCI, Leonardo. **Mona Lisa (La Gioconda)**. 1503-1506. Óleo sobre madeira de álamo: color.; 77 × 53 cm. Musée du Louvre, Paris.

Em sua mais famosa obra, *Mona Lisa* (Figura 3.5), Leonardo da Vinci criou a técnica de desenho denominada *sfumato*. Tal procedimento tinha o objetivo de diluir as linhas do desenho e dar maior sensação visual de volume, o que pode ser mais bem observado na região dos olhos retratada, que apresenta uma área mais escura e esfumada.

No que diz respeito à questão de luz e sombra, pensamos na relação de opostos: só existe o claro em função do escuro; só temos consciência de um pela sua íntima relação com o outro. Dondis (2000) lembra que as artes visuais e as artes aplicadas buscam simular as gradações de cinza existentes na natureza, mas que, mesmo com os avanços tecnológicos para tal função, não conseguimos atingir o número quase ilimitado de seus tons e sutilezas.

Trata-se de uma relação de complementaridade. Se pensarmos em um desenho de observação de natureza-morta feito com lápis grafite, temos áreas claras que se equilibram com áreas escuras, que, juntas, dão a sensação visual de volume, como observamos na Figura 3.6, indicada a seguir.

Observe nessa obra que, diferentemente da técnica do *sfumato*, há o uso da hachura como procedimento formal na construção da luz e sombra, que se constitui com o entrecruzamento das linhas. Como vimos no capítulo anterior, as hachuras podem ser confeccionadas com diferentes materiais: lápis grafite, nanquim, lápis de cor, carvão, giz pastel, entre outros.

Quando aprendemos algumas técnicas de desenho, uma das premissas básicas é dominar quais áreas são claras e quais são escuras, observando atentamente desenhos de paisagem, natureza-morta etc. Até mesmo os desenhos que não retratam a realidade objetiva podem envolver áreas de luz e sombra.

O uso de luz e sombra no desenho e na pintura tem o objetivo de recriar o ambiente tridimensional em um suporte bidimensional, como o papel ou a tela. Entretanto, a projeção luminosa no desenho e na pintura são diferentes, já que no primeiro (Figura 3.6) há a sobreposição das diferentes tonalidades de cinza (no

Figura 3.6 – Desenho de natureza-morta

Hatalskaya/Shutterstock

caso do uso do lápis grafite e do nanquim), e, no segundo, a sombra é construída e constituída pelas cores e massas de tinta.

Como exemplo deste último, temos a pintura do artista Paul Cézanne, que integrou o movimento impressionista e repassou, por meio de anotações de diálogos, algumas de suas reflexões sobre pintura ao amigo Émile Bernard (pintor e crítico de arte). Segundo Pedrosa (2008, p. 90), Cézanne disse que "a sombra é uma cor como a luz, mas ela é menos brilhante: luz e sombra não são mais que uma relação de dois tons". Ele também reforçou que o desenho e a cor não são "coisas distintas; ao mesmo tempo em que se pinta, se desenha; quanto mais a cor se harmoniza, mais o desenho se precisa. [...] Os contrastes e as relações de tons, eis aí o segredo do desenho e do modelado" (Pedrosa, 2008, p. 90).

Observando atentamente a obra de Cézanne na Figura 3.7, percebemos a presença dessas sombras coloridas nas pinceladas (amareladas, esverdeadas, azuladas) nas partes interna e externa da travessa branca (no canto esquerdo da composição), que contém algumas frutas, assim como na toalha de mesa sob as frutas (centro da composição). Além disso, temos as mesmas pinceladas na parede (ao fundo da composição).

Nesse ponto, também é importante mencionarmos o processo de formação das sombras coloridas de Leonardo da Vinci, que defendia a tese de que a sombra é um elemento que integra a cor do objeto, dependendo da menor ou maior distância e do grau de luminosidade do ambiente (Pedrosa, 2008).

Conforme Pedrosa (2008, p. 72, grifos do original),

> [Leonardo da Vinci] Desenvolve a **lanterna mágica**, para projeção de imagens e sombras, e original processo de manipulação da luz em câmara escura. Com auxílio da luz de uma vela e de um raio de luz diurna, explica convincentemente o fenômeno das **sombras coloridas**, fenômeno que vários séculos depois ainda continuava intrigando físicos e artistas que desconheciam as experiências leonardianas.

Figura 3.7 – *Still Life with Fruit Dish*, de Paul Cézanne

CÉZANNE, Paul. **Still Life with Fruit Dish**. 1879-1880. Óleo sobre tela: color.; 46,5 × 54,6 cm. Museum of Modern Art, New York.

Constatamos que o artifício da luz e sombra visa aproximar a realidade observada à sua representação. Assim, ao visualizarmos uma maçã num desenho, temos a sensação visual/tátil de que quase podemos pegá-la na mão e saboreá-la, pois ela se assemelha a uma maçã do mundo real e concreto. Dondis (2000, p. 63) ressalta que, juntamente com a perspectiva, o "acréscimo de um fundo tonal reforça a aparência de realidade através da sensação de luz refletida e sombras projetadas."

Revisitando novamente a obra de Leonardo da Vinci, vemos a seguir um esboço do artista no qual ele realizou um estudo preparatório para a obra intitulada *São João Batista* (Figura 3.8). Na sequência, temos a pintura finalizada (Figura 3.9). Perceba que o artista fez algumas mudanças na versão final, em que o santo é representado apenas da cintura para cima e posicionado de frente para o espectador, com a mão voltada para cima.

Wölfflin dedica um capítulo sobre o claro e escuro no livro *Conceitos fundamentais da história da arte: o problema da evolução dos estilos na arte mais recente*, relacionando o uso de luz e sombra. Ele faz um contraponto acerca dos aspectos formais e das características estilísticas do Renascimento e do barroco. Este último movimento artístico apresentou como principal elemento essa relação de contraste, em que o claro e escuro dão uma conotação de dramaticidade à cena, em que as áreas claras focam o que é mais importante em uma pintura. Como exemplo, na obra de Caravaggio (Figura 3.10), há a representação de Jesus Cristo com áreas mais claras para destacar e valorizar o que é mais importante para o artista.

Então, o claro e escuro, além de ser uma técnica de desenho, também é uma característica marcante e determinante de um dos mais importantes movimentos artísticos da história da arte ocidental: o barroco.

Figura 3.8 – *Estudo para um São João Batista*, de Leonardo da Vinci

DA VINCI, Leonardo. **Estudo para um São João Batista**. Ca. 1478. Ponta de metal com retoques de branco sobre papel preparado em azul: color.; 18,7 × 12,2 cm. Royal Library, Windsor.

Figura 3.9 – *São João Batista*, de Leonardo da Vinci

DA VINCI, Leonardo. **São João Batista**. 1513-1516. Óleo sobre madeira: color.; 69 × 57 cm. Musée du Louvre, Paris.

Figura 3.10 – *The Incredulity of Saint Thomas*, de Caravaggio

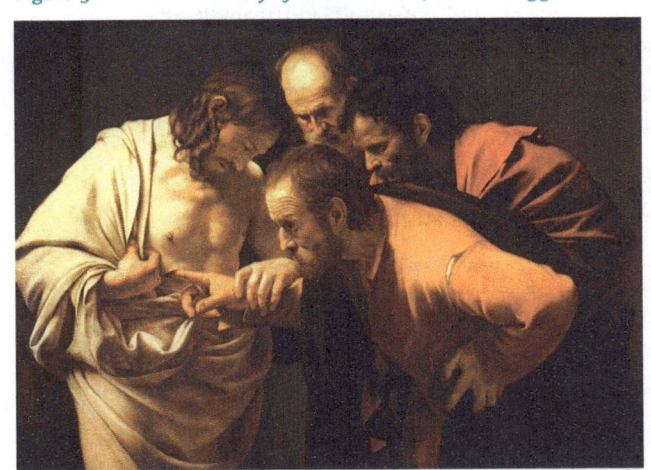

CARAVAGGIO. **The Incredulity of Saint Thomas**. 1601-1602. Óleo sobre tela: color.; 107 × 146 cm. Sanssouci Palace, Berlin.

3.2 O desenho como elemento da linguagem visual

Se pensarmos que o desenho é um meio de expressão e, ao mesmo tempo, uma forma de comunicação, concluiremos que ambas as definições se completam, mas têm abrangências diferentes, já que a arte tem um caráter mais subjetivo e autoral e a comunicação visual, uma abordagem mais objetiva. Nesse momento, percebemos elementos fundamentais para pensarmos o desenho, como o **ponto** e a **linha**, e que vamos ver a seguir.

3.2.1 O ponto e a linha: o nascimento do desenho

> *Como uma síntese da forma, a linha conserva a base do desenho, as estruturas, a expressão, a intenção do artista.* (Lizárraga; Passos, 2007, p. 69)

Do ponto de vista da concepção formal do desenho, podemos dizer que sua parte essencial e estrutural é constituída pela linha. A definição do que é *linha*, de acordo com o alfabetismo visual[3], pode contribuir para elucidarmos um pouco mais essa questão. Para Dondis (2000, p. 55), linha é a junção de "pontos que estão tão próximos entre si que se torna impossível identificá-los individualmente". Temos, então, o nascimento do elemento visual que é a linha, concebida como uma **cadeia de pontos**. Portanto, podemos afirmar que a linha descende do ponto, que "é a unidade de comunicação visual mais simples e irredutivelmente mínima" (Dondis, 2000, p. 53).

Utilizamos a linha para desenhar e escrever. Recorremos à reflexão do autor Mário de Andrade (1975, p. 69), que, no texto intitulado "Do desenho", aponta para uma íntima

---

[3] Dondis (2000), no livro *Sintaxe da linguagem visual*, faz uma explanação sobre *linguagem visual* e *alfabetismo visual*, termos adaptados e concebidos com base na linguagem escrita e verbal.

relação entre o desenho e a escrita. Mário de Andrade diz que a mesma linha que constrói as palavras pode também materializar imagens por meio do desenho. Ambas têm a função de comunicar, uma pela linguagem verbal e outra pela linguagem visual, cada qual respeitando particularidades de suas origens e funções.

Sendo assim, a escrita é um complexo sistema simbólico que viabiliza a comunicação verbal em uma sociedade (cultura), assim como acontece com as notas musicais e os sistemas elétricos. Portanto, a presença da linha é fundamental para conceber e materializar tais sistemas de notação nas mais diversas áreas profissionais (Dondis, 2000).

Nesse sentido, a linha é um componente fundamental para pensarmos o desenho. Por outro lado, nos perguntamos: é possível concebê-la sem dar forma a ela? Em outras palavras, é possível considerarmos sua existência e autonomia sem uma forma preliminar (um esboço inicial)? Como o artista se expressa por meio da linha? Nessa ocasião, podemos pensar em explorar as possibilidades da linha para além da representação (mimese) da realidade objetiva e concreta.

Conforme Dondis (2000, p. 57), a linha pode ser um elemento visual independente e se expressar por si mesma ou ela "descreve uma forma", ou seja, nas artes visuais, a linha possibilita três formas básicas: "o quadrado, o círculo e o triângulo equilátero" (Dondis, 2000, p. 57). Com base nessas conformações, podemos desdobrá-las para o desenho figurativo ou não.

Se pensarmos nos desenhos realistas, em que a linha dá forma e contorna os objetos, as pessoas e as cenas retratadas, esses elementos não existiriam se destituíssemos esse elemento visual.

Rudolf Arnheim (2000), no livro intitulado *Arte e percepção visual: uma psicologia da visão criadora*, nos mostra que a linha se configura de três modos diferentes:

1. **Linha objeto** – Trata-se de uma linha individual, contínua e bem definida.

2. **Linha hachurada** – É composta de várias linhas paralelas e próximas, muito usada na xilogravura.
3. **Linha de contorno** – É a que cria determinada forma, como um círculo.

Sobre o conceito de linha, a artista e professora Fayga Ostrower (1983, p. 65), em *Universos da arte*, questiona: "Qual a função espacial da linha?". Com base nessa reflexão, ela constata que, em uma composição, "cada elemento visual configura o espaço de um modo diferente" (Ostrower, 1983, p. 65). Em se tratando de espaço, a autora enfatiza que o "espaço natural" constitui-se de três dimensões (altura, largura e profundidade) e, na arte, a linha configura um **espaço linear**, mais especificamente direcional, ou seja, a linha indica uma direção no espaço compositivo. Ostrower faz ainda uma análise detalhada das variadas possibilidades de linhas, como: linhas estáticas (horizontais e verticais), linhas dinâmicas (diagonais e curvas), linhas contínuas, linhas tracejadas (com intervalos), entre outras variações, sempre estabelecendo uma relação da linha com o espaço e o tempo na composição.

Ostrower (1983, p. 67, grifo do original) complementa:

> a linha (cada segmento linear) cria, essencialmente, **uma** dimensão no espaço. Ela é vista como portadora de movimento direcional. Introduzindo-se intervalos, ou contrastes de direção, reduz-se a velocidade do movimento. Quanto mais forem os contrastes, mais diminui a velocidade e, em contrapartida, aumenta o peso visual da linha. Assim há sempre um efeito simultâneo que abrange espaço e tempo: maior velocidade = menor peso visual; menor velocidade = maior peso.

No livro *Ponto e linha sobre plano*, o artista russo Wassily Kandinsky (1997, p. 50) comenta sobre a *linha reta*, definindo-a como a primeira espécie de linha que se constitui com base em dois elementos: tensão e direção. A **tensão** "é a força viva do elemento" e se constitui como uma parte do movimento (da linha). Já a **direção** indica, por exemplo, se uma linha é horizontal ou vertical. Com base nessa definição, Kandinsky ressalta a existência de três tipos de linhas retas: 1) horizontal (por exemplo, a superfície na qual o homem repousa ou se move), 2) vertical e 3) diagonal.

Se tomarmos a reflexão dos autores mencionados nesta seção, perceberemos que, libertando o desenho da representação fiel da realidade objetiva e concreta, podemos utilizar a linha com um caráter mais autoral e expressivo. Portanto, ela não está mais em conformidade com determinado objeto, mas à mercê do artista que cria grafismos com esse elemento visual. Desde a modernidade até os dias atuais, são exploradas possibilidades da linha como elemento integrante no processo poético das artes visuais.

3.2.2 O desenho na composição visual: as possibilidades da linha

> *O primeiro fundamento a ser abordado no aprendizado do desenho é a composição, porque, antes de medir as proporções ou verificar as formas de um objeto a ser desenhado, precisamos saber colocar um desenho num espaço, conhecer as propriedades desse espaço e como o olho reage a ele.* (Hallawell, 1994, p. 15)

A **composição** é fundamental para organizarmos os elementos visuais em um dado espaço e transmitir determinada mensagem ao observador. Essa delimitação faz com que o desenho, por meio do ponto, da linha e das formas, integre vários componentes que interagem entre si. Com base nessa premissa, Hallawell (1994, p. 15) afirma que compor é o "primeiro passo para ser dado em qualquer trabalho visual". A composição é comparada a um arranjo de flores em um vaso ou um enquadramento fotográfico de determinado tema. Na contemporaneidade, tal espaço compositivo pode assumir lugares inusitados como os muros da cidade e as paredes de um local público ou privado.

A linha como elemento visual expressivo pode se manifestar de inúmeras maneiras em uma composição, dependendo da intenção e da liberdade poética do artista. Kandinsky (1997) aponta diversas possibilidades de desdobramento da linha e uma delas é a **linha curva** – sobre a qual ainda não comentamos –, que apresenta uma ondulação. Diferentemente da linha reta (horizontal, vertical ou diagonal), a linha curva tem uma conformação mais orgânica, ou seja, pode remeter aos elementos da natureza. Além disso, ambas as linhas, reta e curva, podem apresentar diferentes espessuras, mais finas ou mais grossas, também de acordo com a sua função e intenção artística.

Kandinsky é conhecido tanto por suas obras literárias quanto por seus trabalhos artísticos. O artista russo do período modernista tem uma vasta produção artística nas mais diversas técnicas e linguagens, como pintura, desenho, gravura, aquarela e ilustração, como podemos observar na Figura 3.11.

A técnica utilizada pelo artista na obra apresentada na Figura 3.11 foi a litogravura, que permite uma liberdade do gesto ao executar o desenho sobre a matriz. Nessa composição, vislumbramos que as linhas invadem o espaço pictórico, seja por meio de linhas retas (horizontais, verticais e diagonais), seja por meio de linhas curvas e formas circulares.

A sensação visual que temos dessa obra é de que os elementos coloridos (cores primárias: amarelo, vermelho e azul) parecem estar em um segundo plano da composição, pois foram sobrepostos pelos elementos que foram executados em preto. Outro ponto relevante é que os elementos em diagonal (linhas curvas) reforçam uma sensação visual de movimento, o que faz com que nos deleitemos diante de uma obra dinâmica, em que o olhar transita por toda a composição (Dondis, 2000).

Figura 3.11 – *Small Worlds V (Kleine Welten VI)*, de Wassily Kandinsky

KANDINSKY, Wassily. **Small Worlds V** (Kleine Welten I) from Small Worlds (Kleine Welten). 1922. Lithograph from a portfolio of twelve prints, six lithographs (including two transferred from woodcuts), four drypoints, and two woodcuts, composition (irreg.): 10 3/4 × 9 3/16″ (27,3 × 23,3 cm); sheet: 14 1/16 × 10 15/16″ (35,7 × 27,8 cm). Publisher: Propylaeen-Verlag, Berlin. Printer: Reineck & Klein, Weimar. Edition: 230 (including deluxe edition of 30 on "japan" paper and regular edition of 200 on "Buetten" paper). New York, Museum of Modern Art (MoMA).

Figura 3.12 – *Panel for Edwin R. Campbell n. 4*, de Wassily Kandinsky

KANDINSKY, Wassily. **Panel for Edwin R. Campbell n. 4**. 1914. Óleo sobre tela: color.; 163 × 122,5 cm. Moma, New York.

107

Mesmo em suas pinturas, percebemos que as composições pictóricas de Kandinsky são preenchidas por linhas, pontos e formas, além das manchas e das cores. Nelas existe uma integração harmônica na composição em que a explosão de cores e elementos visuais também oferece grande sensação de movimento à obra, conforme você pode observar na Figura 3.12.

A presença do movimento é recorrente na maioria das obras do artista e está intimamente conectada com a relação entre pintura e música. Além de ser considerado um dos precursores do abstracionismo, o artista também teve como inspiração o músico Arnold Schönberg (Dias; Menta, 2009).

Outro artista que apresenta forte influência da abstração e da música é o norte-americano Jackson Pollock, que, nas décadas de 1940 e 1950, integrou o movimento do expressionismo abstrato. O artista foi fortemente influenciado pelo *jazz* e realizava suas pinturas ao som desse ritmo, conforme podemos ver na Figura 3.13. Como resultado, temos pinturas que remetem a forte sensação visual de movimento, como podemos observar na Figura 3.14.

Essa expressão artística usada por Pollock é denominada *action painting*, ou seja, "pintura de ação", e a técnica utilizada pelo artista é o *dripping*: gotejamento da tinta sobre a tela (Enciclopédia Itaú Cultural, 2016f). A tinta escorrida sobre a tela remete a um emaranhado de linhas que preenchem todo o espaço compositivo e dão a sensação visual de movimento, uma vez que nosso olhar transita em todo o espaço pictórico.

Com Kandinsky e Pollock, podemos vislumbrar algumas possibilidades da linha do desenho na composição artística, seja numa obra abstrata (não figurativa), seja numa obra figurativa. Aqui é importante enfatizar que, mesmo em se tratando de pinturas, constatamos a presença da linha do desenho nas duas composições pictóricas dos artistas.

Lembramos que a linha nas obras figurativas assume a forma dos objetos retratados na composição, podendo ser ela retrato, paisagem, natureza-morta, figura humana ou representar qualquer outro tema em que tenhamos objetos reconhecíveis no mundo externo. Desse modo, constatamos que a linha está à mercê do projeto poético do artista e é uma das ferramentas criativas para a sua produção.

Figura 3.13 – *Action Painting*, de Jackson Pollock

Figura 3.14 – *White Light*, de Jackson Pollock

POLLOCK, Jackson. **White Light**. 1954. Esmalte e tinta de alumínio sobre tecido: color.; 122,4 × 96,9 cm. Museum of Modern Art, New York.

Síntese

Como no capítulo anterior conhecemos sobre os materiais gráficos e os tipos de papéis, neste capítulo foi possível analisar as especificidades que integram a técnica do desenho no que diz respeito à luz e à sombra para dar volume aos objetos retratados nas composições. Entre as técnicas de desenho, conhecemos o *sfumato* e a hachura, ambas utilizadas para compor e lhes dar veracidade.

Tivemos ainda a oportunidade de estudar as possibilidades da linha no desenho, concebida como uma linguagem artística expressiva e como um instrumento que explora a liberdade criativa do artista. Constatamos que a linha pode ser utilizada como um elemento visual que transita livremente sobre o suporte artístico e o espaço compositivo.

Indicação cultural

CY TWOMBLY. **Gallery**. Disponível em: <http://www.cytwombly.info/twombly_gallery.htm>. Acesso em: 13 jun. 2016.

MOMA – Museum of Modern Art. **Cy Twombly**. Disponível em: <http://www.moma.org/collection/artists/5988>. Acesso em: 13 jun. 2016.

> Conheça um pouco sobre a obra do artista visual norte-americano Cy Twombly, que iniciou sua produção no final da década de 1950, sob forte influência dos trabalhos de Franz Kline (preto e branco e gestualidade) e Paul Klee (desenhos do imaginário infantil). Twombly apresenta em seus trabalhos uma liberdade pictórica, explorando a linha do desenho e tornando-a expressiva, seja por meio de rabiscos sobre o suporte, seja por meio de desenhos que remetem ao universo infantil. Nas páginas indicadas, há mais sobre a obra desse artista.

Atividades de autoavaliação

1. Leia o texto a seguir e escolha a alternativa que preenche corretamente as lacunas:

   Consideramos artes aplicadas aquelas que têm uma finalidade, tal como na arquitetura e no *design*. Já nas artes visuais, a produção do artista não tem uma finalidade comercial em si.
   No que se refere ao esboço, constatamos seu uso nas duas áreas: as artes aplicadas e as artes visuais, mesmo que estas divirjam de sua _____. Constatamos a importância do esboço nas mais diversas áreas de atuação, como apreensão e _____ das ideias, que futuramente sairão do papel para se concretizarem.
   O esboço trata-se de uma _____ prévia, uma conexão entre o pensamento e o mundo real e concreto para que possamos nos _____ com outras pessoas.

   a) materialização, função, comunicação, expressar.
   b) expressão, comunicação, função, materializar.
   c) função, materialização, expressão, comunicar.
   d) comunicação, função, expressão, materializar.

2. Leia as afirmações a seguir e assinale a alternativa **incorreta**:
   a) No que diz respeito à luz e à sombra, pensamos na relação de opostos: só existe o claro em função do escuro, só temos consciência de um pela sua íntima relação com o outro.
   b) O uso de luz e sombra trata-se de uma relação de complementaridade. Se pensarmos em um desenho de observação, há áreas claras que se equilibram com áreas escuras, que juntas nos dão a sensação visual de volume.

c) O uso de claro e escuro, além de ser uma técnica de desenho, também é uma característica marcante e determinante de um dos mais importantes movimentos artísticos da história da arte ocidental: o barroco.

d) O Renascimento foi um movimento artístico que apresentava como principal elemento a relação de contraste: o claro e escuro atribuem à cena uma conotação de dramaticidade, e as áreas claras focam o que é mais importante.

3. Segundo Dondis (2000, p. 57), no livro intitulado *Sintaxe da linguagem visual*, a linha é um elemento do alfabeto visual que "[...] pode assumir formas muito diversas para expressar uma grande variedade de estados de espírito". Nesse sentido, a linha pode incorporar um caráter mais subjetivo e autoral, principalmente nos trabalhos artísticos. Com base nessa afirmação, assinale (V) para verdadeiro e (F) para falso:

( ) A linha pode ser sutil e se constituir de traços finos e delicados sobre o papel.
( ) A linha pode ser grosseira e nítida e deixar marcas indeléveis sobre o suporte.
( ) A linha pode ser construída por rabiscos nervosos sobre o papel, revelando um espírito cuidadoso e meticuloso que executou rigorosamente cada traço.
( ) A linha pode ser indecisa e reticente, deixando-se revelar e, ao mesmo tempo, se esconder.

Assinale a alternativa que corresponde à sequência correta:

a) V, V, F, F.
b) F, F, V, V.
c) V, F, V, F.
d) V, V, V, V.

4. Leia a citação a seguir e responda à questão proposta:

> Nas artes visuais, a linha tem, por sua própria natureza, uma enorme energia. Nunca é estática; é o elemento visual inquieto e inquiridor do esboço. Onde quer que seja utilizada, é o instrumento fundamental da pré-visualização, o meio de apresentar, em forma palpável, aquilo que ainda não existe, a não ser na imaginação. Dessa maneira, contribui enormemente para o processo visual. Sua natureza linear e fluída reforça a liberdade de experimentação. (Dondis, 2000, p. 56)

Com base na análise de Dondis acerca da linha nas artes visuais, assinale a(s) alternativa(s) correta(s):

a) A linha do desenho viabiliza a elaboração dos esboços, e estes são um meio de materializar a ideia do artista.
b) A linha do desenho surge no papel sob o comando das mãos do artista, percorrendo o suporte de maneira fluída e livre.
c) A natureza linear é estática, mesmo que considerada um elemento "inquiridor do esboço".
d) A linha contribui para a visualização dos projetos concebidos pelo artista.

5. Sobre a linha, assinale (V) para verdadeiro e (F) para falso:
( ) É constituída pela junção de inúmeros pontos, bem próximos.
( ) Pode indicar uma direção, um sentido no qual ela percorrerá o papel ou qualquer outro suporte.
( ) Pode ser metódica e racional, sendo utilizada em algumas áreas que envolvem a matemática, como a arquitetura.
( ) É empregada em representações visuais com alto grau de precisão técnica, como no caso da engenharia civil ou mecânica.

Atividades de aprendizagem

Questões para reflexão

1. Acesse o *site* do Rijks Museum e conheça um pouco mais sobre as obras do artista Rembrandt. Contemple demoradamente suas pinturas e gravuras e perceba a relação de luz e sombra construída por ele (lembrando que esse artista já foi comentado no capítulo anterior). Escolha uma pintura e uma gravura que mais chamaram sua atenção no que diz respeito ao contraste de claro e escuro e comente suas anotações com seus colegas.

    RIJKS MUSEUM. **Rembrandt Harmensz. van Rijn**. Disponível em: <https://www.rijksmuseum.nl/en/explore-the-collection/overview/rembrandt-harmensz-van-rijn>. Acesso em: 13 jun. 2016.

2. Faça um *tour* virtual pelo Museu do Louvre e conheça um pouco mais sobre a Mona Lisa. Lá, você terá acesso a informações adicionais sobre a obra do ponto de vista histórico, estético e formal.

    MUSÉE DU LOUVRE. **The Mona Lisa**. Disponível em: <http://focus.louvre.fr/en/mona-lisa>. Acesso em: 13 jun. 2016.

    No *site*, acesse cada um dos tópicos listados a seguir e preste atenção nas explanações sobre cada um desses assuntos[4]:

    a) O suporte
    b) A figura no espaço

---

[4] Se você não domina o inglês, clique em "traduzir a página" quando acessá-la.

c) A modelo
d) Luz e sombra
e) Quem foi Mona Lisa?
f) O trabalho (contextualização histórica)
g) A trajetória artística de Leonardo da Vinci

Depois de realizar um *tour* pelo Louvre, comente com seus colegas cada um dos tópicos, especialmente o item luz e sombra.

O objetivo desta questão é promover um maior contato com a obra e familiarizá-lo com as grandes instituições de arte (no caso, o Louvre). Saiba que o conteúdo obtido diretamente do museu é confiável e de qualidade. Sempre que pesquisar sobre um artista, procure fontes de informação seguras.

Atividades aplicadas: prática

1. Este exercício tem como objetivo aproximá-lo dos materiais de desenho e promover a melhoria de sua coordenação motora, atenção e concentração.
Utilize a folha de papel Canson® (A3) e lápis grafite (HB) para fazer seis quadrados de aproximadamente 5 cm cada um e reproduza o seguinte exercício:
   a) sem linhas, totalmente em branco;
   b) linhas verticais (pouca pressão do lápis sobre o papel);
   c) linhas verticais;
   d) linhas verticais e diagonais;
   e) linhas verticais, diagonais e horizontais;
   f) linhas verticais, diagonais nos dois sentidos e horizontais (maior pressão sobre o papel e tom mais escuro).

Segue um modelo do exercício:

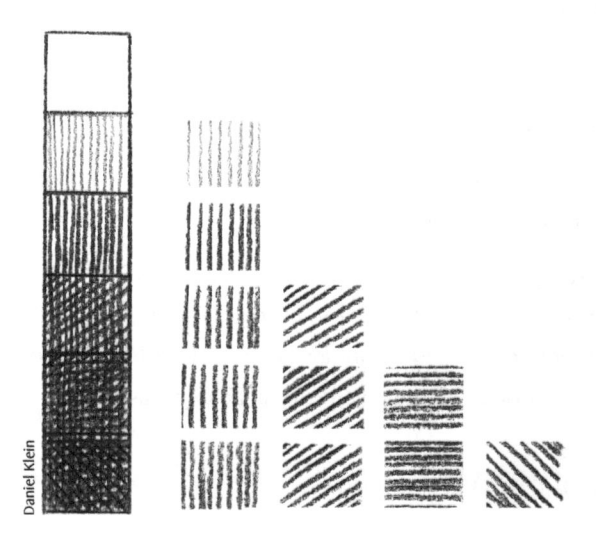

2. Utilize a mesma folha de papel Canson® (A3) e desenhe com lápis grafite (HB) cinco quadrados com lado de 5 cm cada um deles, aproximadamente – veja a figura a seguir. Deixe o primeiro quadrado em branco e use o lápis grafite (HB e 6B) para fazer o sombreamento nos outros quatro quadrados restantes, escurecendo gradativamente até chegar ao tom mais escuro. Nesse exercício, é importante segurar o lápis em um ângulo de 30° em relação ao papel para não riscar e obter somente os tons do grafite. O objetivo deste exercício é obter as diferentes tonalidades do lápis grafite.

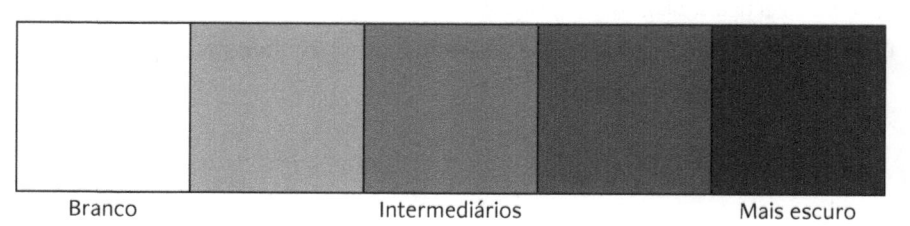

Branco — Intermediários — Mais escuro

Sugestão: Para auxiliá-lo nesses exercícios, assista aos vídeos sobre escalas tonais (partes 1, 2 e 3), que trazem uma explicação detalhada sobre as questões da técnica de desenho.

Acesse os seguintes endereços:

VICENTE, F. **Aula de desenho**: Prof. Fabio – Escalas tonais – Parte 1. Disponível em: <https://www.youtube.com/watch?v=HeV-FLGLjFI>. Acesso em: 13 jun. 2016.

_____. **Aula de desenho**: Prof. Fabio – Escalas tonais – Parte 2. Disponível em: <https://www.youtube.com/watch?v=Eb4nQWjEpPQ>. Acesso em: 13 jun. 2016.

_____. **Aula de desenho**: Prof. Fabio – Escalas tonais – Parte 3. Disponível em: <https://www.youtube.com/watch?v=DT19xkZTnfM>. Acesso em: 13 jun. 2016.

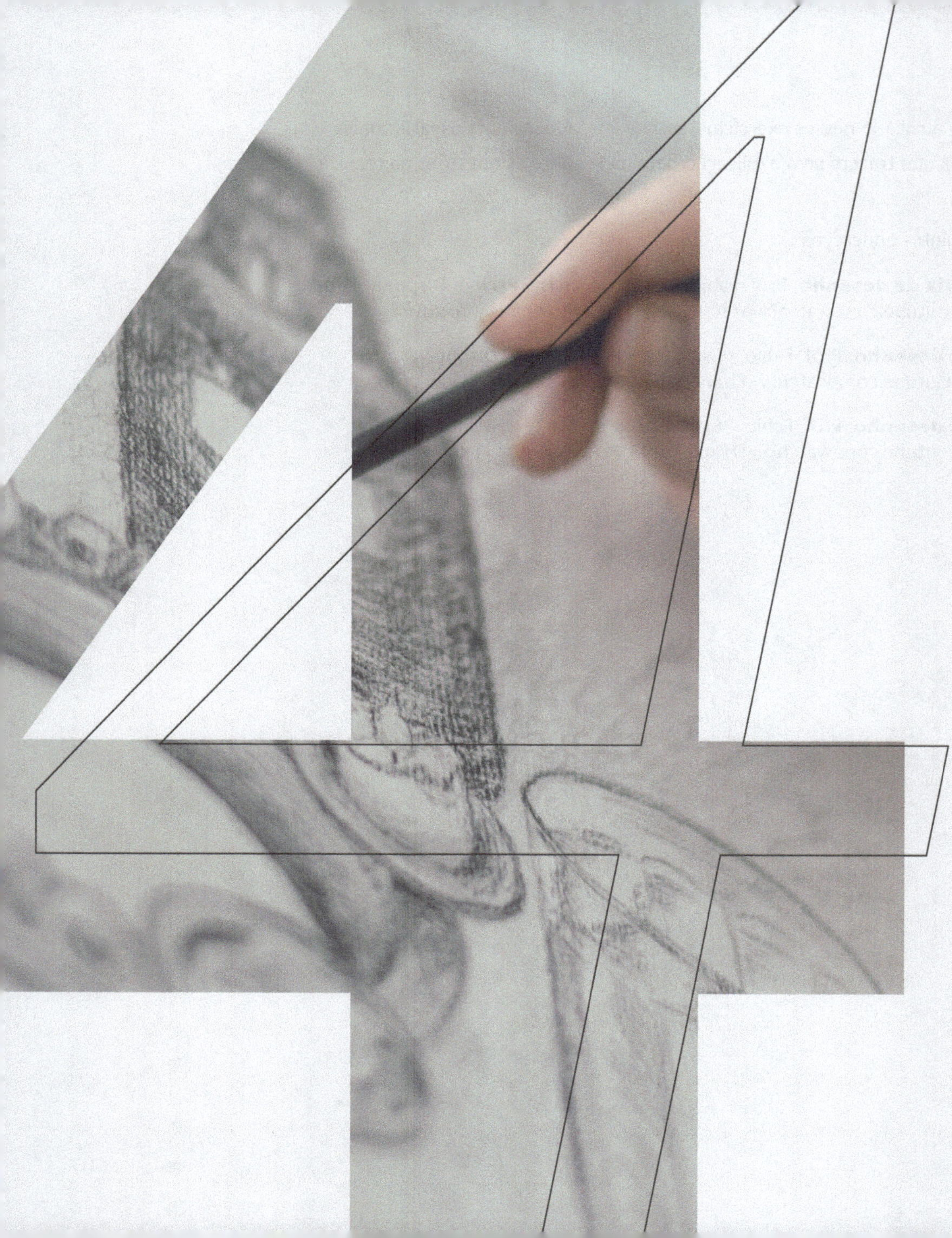

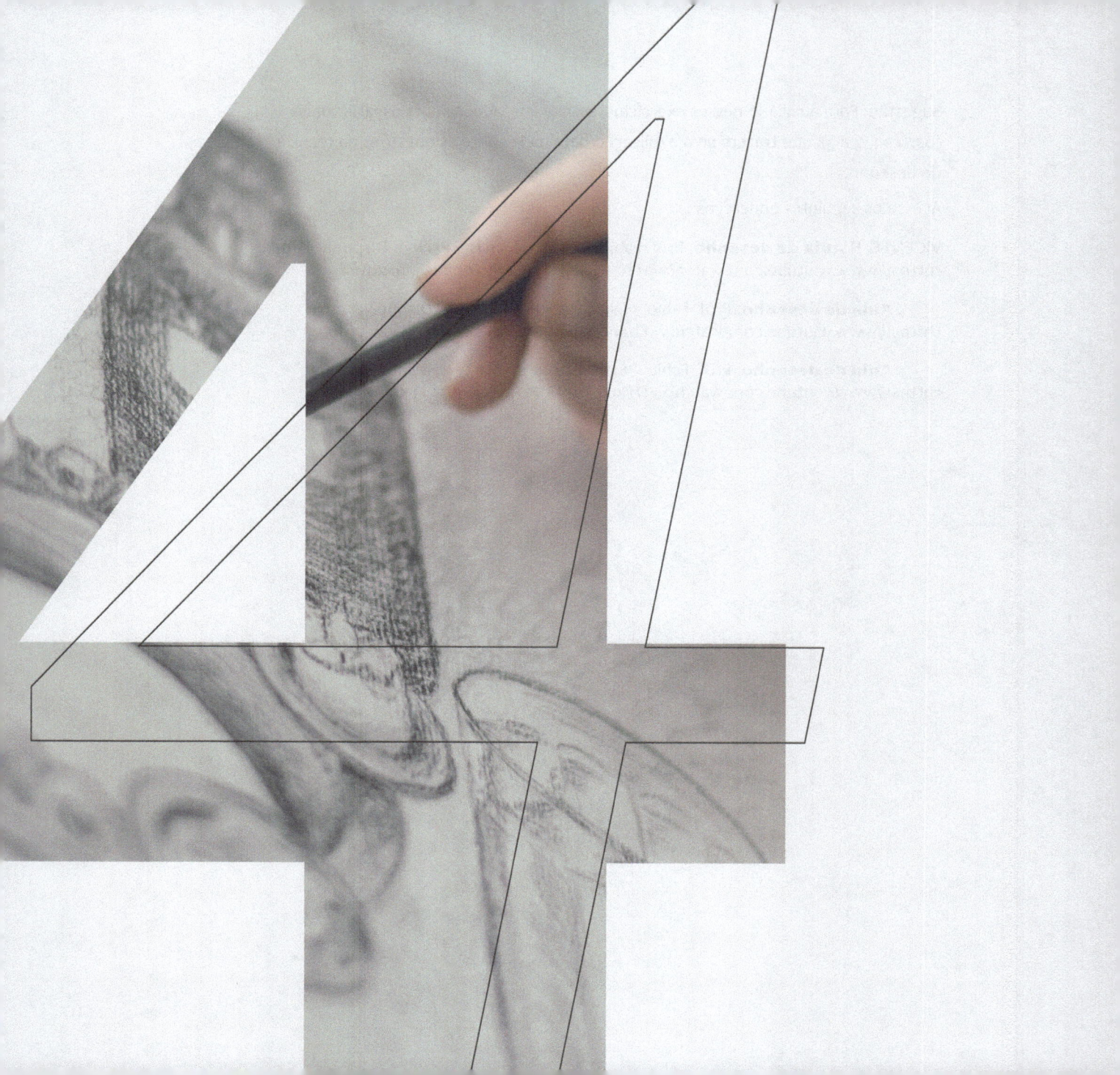

Aspectos processuais do desenho

Neste capítulo, você vai constatar que o desenho pode ser o meio de expressão do artista, que interpreta o mundo à sua volta, retratando seu conteúdo subjetivo. Você vai conhecer algumas técnicas utilizadas pelos artistas para materializar (dar forma) ao pensamento.

4.1 O desenho como expressão artística bidimensional

A linguagem do desenho na contemporaneidade pode integrar o processo de construção do objeto artístico desde os esboços e chegar ao resultado final, constituíndo-se como o trabalho poético do artista. Nesse sentido, Hallawell (1994) faz uma reflexão acerca do desenho para além da habilidade técnica. Ele diz que o domínio sobre o desenho não está relacionado com a habilidade manual ou com o conhecimento técnico do artista, mas com um olhar e um pensamento diferenciados. O pensamento artístico aprende a ver o mundo e a refletir sobre ele de maneira "adequada" à arte, ou seja, diferente do modo como o enxergamos diariamente (Hallawell, 1994).

O desenho está intimamente relacionado com o pensamento do artista, já que se torna uma extensão de suas ideias e intenções, sendo elas de caráter objetivo ou subjetivo, formal ou conceitual. Enfim, o desenho, mesmo que conectado ao pensamento, não deixa de ser também expressivo. A esse respeito, recorremos a Derdyk (1994), que faz uma importante reflexão sobre uma das possibilidades de se pensar o desenho. A autora afirma que o desenho "acompanha a rapidez do pensamento", quando esboçamos um mapa para indicarmos um caminho para alguém, ao mesmo tempo que ele "responde às urgências expressivas" do artista na concepção do seu trabalho artístico (Derdyk, 1994, p. 42).

O artista contemporâneo pode optar pela mobilidade e muitas vezes descartar o ateliê como espaço de criação, já que este lugar pode ser sua residência, um carro, uma rua etc. Nessa urgência em se conectar com o mundo à sua volta (ou se desconectar dele), o artista pode optar por um diário de bordo no qual anota suas percepções, reflexões, dúvidas, ideias etc. Cecília Salles (2007) intitula como *desenhos de criação* aqueles que são registrados em seus cadernos de anotações. Trata-se de um "campo de investigação" para que o artista explore essas possibilidades poéticas. Salles chama de *hipóteses visuais* as que são testadas pelo artista e que viabilizam ou não um trabalho.

Muitas vezes, o caderno de anotações torna-se a própria obra ou os esboços de obras de outras linguagens artísticas, como a pintura, a fotografia e a instalação. Alguns desses desenhos também podem permanecer esquecidos no caderno ou ser revisitados muito tempo depois. Nesses casos, são registros das memórias e dos *insights*, que não têm horário e nem local para se manifestarem, mas que estão sempre a postos para armazenar as reflexões do artista.

4.1.1 Mimese: o desenho como representação (cópia) da realidade

> *Durante a Renascença [...] a imitação constitui o princípio estético dominante. A arte tem por objeto a Natureza, o Homem ou Deus. A matemática, a geometria, a aritmética constituem para o Quattrocento o meio de aplicar esse princípio.* (Jimenez, 1999, p. 44)

Ao pesquisarmos sobre os primórdios do desenho, percebemos que ele está intimamente relacionado à representação da realidade objetiva e concreta. Vale mencionar os artistas viajantes que exploravam terras inóspitas e desconhecidas e buscavam retratar a fauna, a flora e os habitantes desses locais, conforme vemos na Figura 4.1.

Desse modo, artistas como Frans Post e Albert Eckhout, acompanharam expedições de caráter exploratório e científico e contribuíram com registros iconográficos que retratavam terras brasileiras durante o período colonial. Veja uma obra de Albert Eckhout na Figura 4.2.

É importante salientar que a grande maioria dos artistas viajantes tinham uma formação acadêmica e alguns pressupostos estilísticos que "contaminavam" e influenciavam sua descrição do mundo. Nesse sentido, temos Jean-Baptiste Debret, artista francês que integrou a Missão artística francesa no ano de 1816 e desembarcou no Rio de Janeiro para retratar o Brasil (Naves, 1996).

Se observarmos atentamente os desenhos de Debret (veja um exemplo na Figura 4.3) percebemos a forte influência do neoclássico francês do século XVIII, movimento artístico do qual fez parte, mesmo sendo perceptíveis as diferenças entre seus desenhos da região brasileira e suas pinturas neoclássicas, da época em que ele morava na França (período anterior).

Figura 4.1 – *Abacaxi, melancias e outras frutas,* **de Albert Eckhout**

ECKHOUT, Albert. **Abacaxi, melancias e outras frutas**. [S. d.] Óleo sobre tela, 91 × 91 cm. Acervo Banco Itaú, São Paulo.

Figura 4.2 – *View of Olinda,* **de Frans Jansz Post**

POST, Frans Jansz. **View of Olinda**. 1662. Óleo sobre tela: color.; 107,5 × 172,5 cm. Rijksmuseum, Amsterdam.

Percebemos, assim, que o artista carrega um repertório técnico que influencia não só a concepção de sua obra (mesmo que somente concebida como registro iconográfico), mas também a maneira como ele interpreta o mundo à sua volta.

Nesse sentido, Gombrich (1995) diz que **não existe neutralidade** na visão do artista ao retratar fielmente a realidade de seu entorno, já que suas habilidades técnica e manual estão impregnadas de um conhecimento previamente aprendido e que reflete em sua representação da realidade objetiva.

No que diz respeito à herança neoclássica de Debret, em que a presença do caráter linear é marcante, recorremos à reflexão de Derdyk (1994, p. 33), que ressalta a influência da missão artística francesa no Brasil, reforçando a concepção do desenho como elemento que "configura e está subordinada à forma". Nesse sentido, tal conceito tornou-se oficial e foi veiculado nas diversas instituições de ensino da época.

Figura 4.3 – *Caboclo, índio civilizado*, de Jean Baptiste Debret

DEBRET, Jean Baptiste. **Caboclo, índio civilizado**. 1834. Litografia e aquarela sobre papel: color.; 30 × 42,1 cm. Pinacoteca Municipal, Centro Cultural São Paulo, Divisão de Artes Plásticas, São Paulo.

No livro *O que é estética?*, Marc Jimenez (1999) comenta sobre "o princípio da imitação" no período renascentista, que não é entendido meramente como a reprodução fiel do mundo, mas uma forma de o artista reverenciar a natureza com base em sua observação e retratação por meio da pintura. Jimenez menciona que, desde o Renascimento, a mimese está submetida à matemática, como é o caso da perspectiva renascentista que perdurou até o início do século XIX com os primeiros movimentos artísticos de vanguarda. Portanto, durante o período renascentista, a mimese estava intimamente relacionada com a visão de mundo da época, e não somente com a valorização dos aspectos formais.

Herdeiros diretos da Antiguidade Clássica, os renascentistas preservaram o respeito à tradição e, ao mesmo tempo, à investigação incessante da natureza, que, para ser interpretada por meio de uma pintura ou escultura, dependia de muita pesquisa. Gombrich (1995) afirma que a mimese permite a imitação da realidade por meio de uma minuciosa análise da natureza, já que essa realidade não pode ser "transcrita" se o artista não desmontá-la e remontá-la novamente em uma constante e incessante experimentação.

Outra herança do período clássico e que até hoje os alunos aprendem nas aulas de Desenho são as proporções e os cânones, que nada mais são do que medidas-padrão para desenhar uma figura humana de modo harmônico e equilibrado. Segundo Gombrich (1995, p. 157), o cânon trata-se de "relações básicas, geométricas que o artista tem de conhecer para a construção de uma figura plausível."

Nesse sentido, podemos visualizar tal parâmetro ainda utilizado pelas escolas de arte mais tradicionais, em que se considera a medida total de uma figura humana contendo oito cabeças, conforme demonstra a Figura 4.4.

Figura 4.4 – Cânon da figura humana

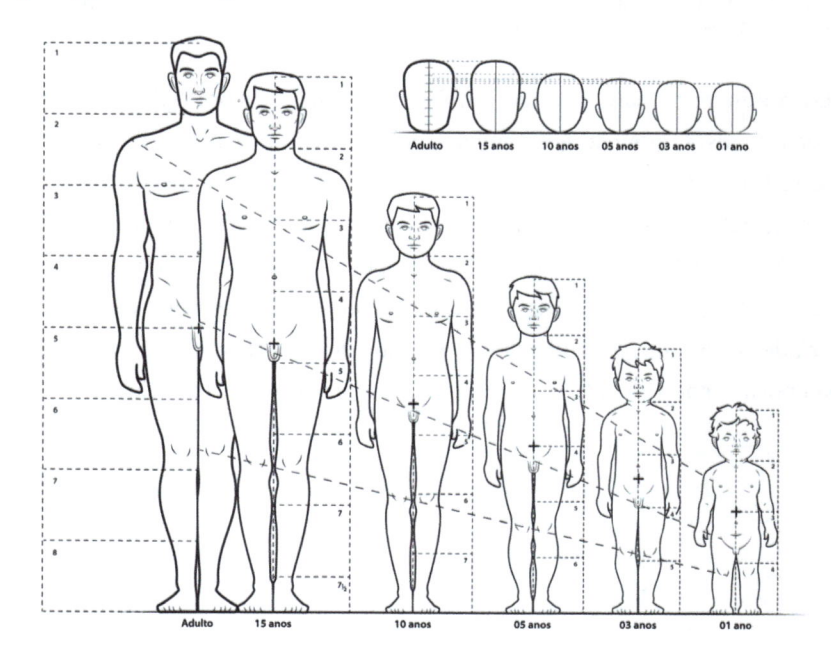

Também podemos citar a obra *Homem vitruviano*, de Leonardo da Vinci, cuja influência foi determinante no pensamento artístico ocidental. Nessa obra, que está representada na Figura 4.5, o corpo humano foi concebido tomando-se como base a proporção áurea[1].

A concepção da proporção áurea foi tão marcante que somente no final do século XIX e início do século XX os artistas libertaram-se desse pensamento arraigado desde a Antiguidade Clássica e renascentista.

Leia, a seguir, uma explicação sobre a obra *Homem vitruviano*:

> Descreve uma figura masculina desnuda, separada e simultaneamente em duas posições sobrepostas, com os braços inscritos num círculo e num quadrado. A cabeça é

Figura 4.5 – *Homem vitruviano,* **de Leonardo da Vinci**

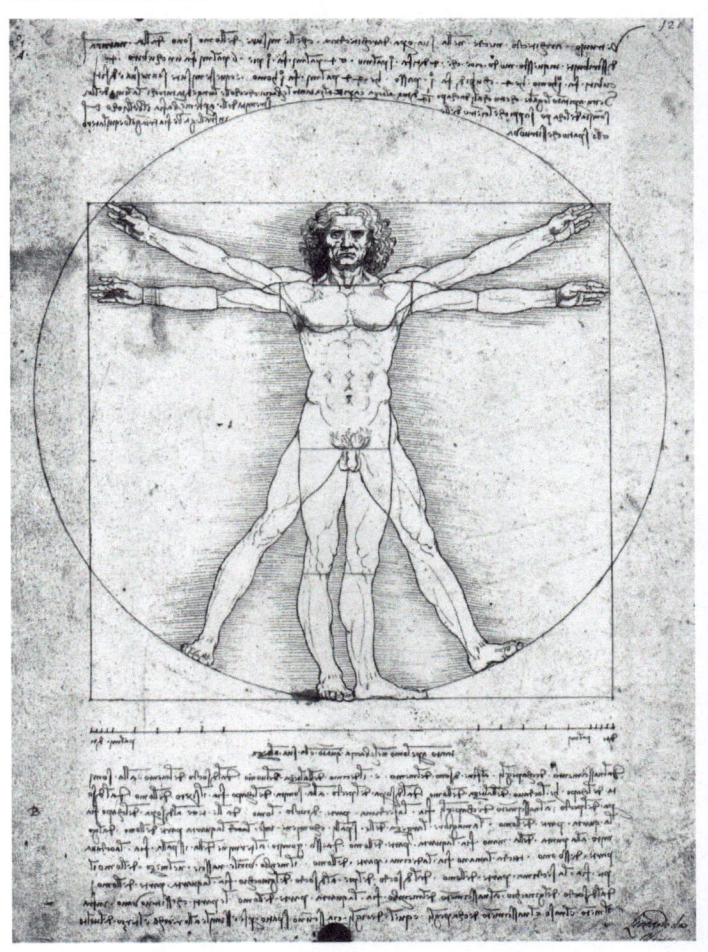

DA VINCI, Leonardo. **Homem vitruviano**. 1490. Lápis e tinta sobre papel: p&b.; 34 × 26 cm. Gallerie dell'Academia, Venezia.

---

[1] Para saber mais sobre o conceito de proporção áurea, acesse o texto de Tanure (2016) no seguinte endereço: <http://pegasus.portal.nom.br/proporcao-aurea-e-sequencia-de-fibonacci/>.

> calculada como sendo um oitavo da altura total. O desenho e o texto também são chamados de Cânone das Proporções. As posições, com os braços em cruz e os pés, são inscritas juntas no quadrado. Por outro lado, a posição superior dos braços e das pernas é inscrita no círculo. Isto ilustra o princípio de que, na mudança entre as duas posições, o centro aparente da figura parece se mover, mas de fato o umbigo da figura, que é o verdadeiro centro de gravidade, permanece imóvel. (Homem Vitruviano, 2012)

Nesse sentido, há a perspectiva,[2] que foi amplamente disseminada no Renascimento[3] e influenciou todo o pensamento artístico ocidental até o final do século XIX. A premente necessidade de tornar a pintura como "janela da realidade" fez com que artistas do século XV pesquisassem possibilidades de representar elementos tridimensionais – pessoas, objetos, paisagens etc. – na superfície bidimensional e plana da pintura.

Segundo Moraes (1995, p. 19),

> As questões que envolvem a perspectiva (embora ainda sem essa denominação, surgida no século XV) têm origem muito antiga, que remonta ao arquiteto romano Marcus Vitrúvio (século I a.C.) e suas arquitraves e colunas deformadas para "corrigirem os erros de visão" do espectador e parecerem retas e harmônicas desde certos pontos de vista. Deixadas de lado por um grande hiato de tempo após o fim do Império greco-romano, as correções da percepção visual foram retomadas na Renascença pelo arquiteto florentino Filippo Brunelleschi (1377-1446) e por pintores como o toscano Paolo Uccello (1393-1475) e seus múltiplos pontos de vista e o alemão

---

2 Neste estudo, tratamos somente das perspectivas linear (cônica e com um ponto de fuga) e tonal.

3 Nos períodos anteriores ao Renascimento, a perspectiva era usada intuitivamente, e não cientificamente.

Albrecht Dürer (1471-1578) e suas máquinas ("janelas") de desenhar, aperfeiçoadas nos gabinetes perspectivistas do século XVII.

O papel tem apenas altura e largura. É considerado um suporte bidimensional e plano, pois não tem profundidade, que é a terceira dimensão ou a tridimensionalidade. Desse modo, a perspectiva linear (veja um exemplo na Figura 4.6) consiste em um recurso técnico para criar a "ilusão de profundidade", permitindo-nos retratar objetos da realidade concreta, como casas, vasos de flores e também pessoas e paisagens no espaço pictórico do papel (Mayer, 1999).

Observe os exemplos a seguir e perceba a diferença entre uma casa projetada em uma planta arquitetônica em 2D (Figura 4.7) e a planejada com o recurso da perspectiva no projeto em 3D (Figura 4.8).

Na **perspectiva linear** (ou **cônica**), o tamanho dos objetos (elementos retratados) acompanha as linhas paralelas inclinadas (linhas de fuga), que vão ao encontro do ponto de fuga (PF), na mesma altura da linha do horizonte (LH), conforme você pode observar na Figura 4.9.

Na paisagem urbana retratada pelo artista visual brasileiro Paulo Climachauska (Figura 4.10), é possível constatarmos a presença da perspectiva cônica, em que as linhas diagonais (esquerda e direita) desembocam em um único ponto de fuga, na altura da linha do horizonte e ao fundo da composição. É importante ressaltar que a obra de Climachauska trata-se de uma instalação, em que o painel no qual está retratada a paisagem foi inserido no espaço expositivo e dialoga com peças de cerâmicas dispostas no chão, confirmando o caráter híbrido da produção contemporânea.

Há também a **perspectiva tonal**, outro recurso técnico utilizado no desenho para dar ilusão de volume e profundidade, obtido com a variação das tonalidades do grafite, como podemos observar na obra do artista Francisco Faria (Figura 4.11). A perspectiva

Figura 4.6 – Representações bi e tridimensionais

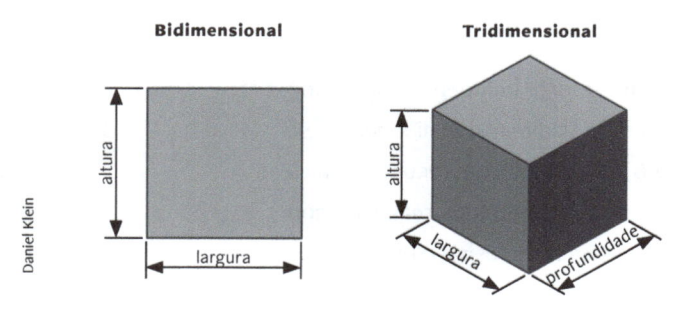

Figura 4.7 – Desenho de uma casa em 2D

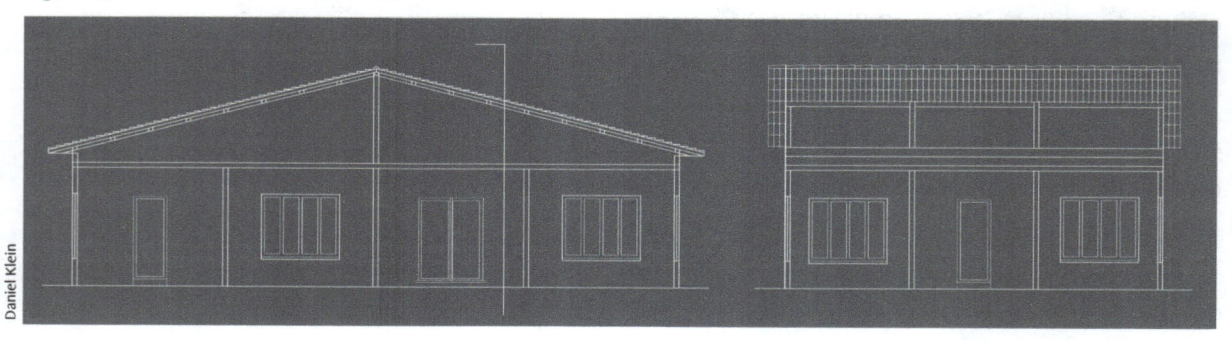

Figura 4.8 – Desenho de uma casa em 3D

Figura 4.9 – Desenho e perspectiva

tonal pode ser usada juntamente com a perspectiva linear, para aumentar o grau de ilusão ou veracidade na composição⁴.

Diante desse breve panorama histórico, chegamos à contemporaneidade e nos defrontamos com o artista que tem a liberdade de explorar o desenho em suas mais variadas possibilidades, seja pela representação fiel da realidade, seja pelo caráter mais subjetivo e/ou conceitual. Hoje, ele pode optar em ressignificar a história da arte, como veremos na Seção 4.2, na obra da artista visual Regina Silveira, ou abordar temáticas que

Figura 4.10 – *Red Fortune*, de Paulo Climachauska

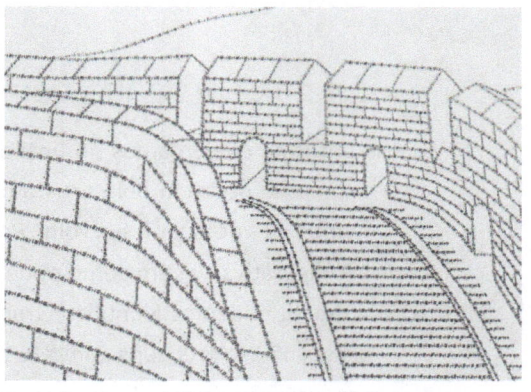

CLIMACHAUSKA, Paulo. **Red Fortune**. 2014. Pintura sobre parede e cerâmica: p&b.; dimensões variáveis. Vancouver Biennale, Vancouver.

Figura 4.11 – *Grande paisagem quimérica*, de Francisco Faria

FARIA, Francisco. **Grande paisagem quimérica**. 2013. Grafite sobre papel: color.; 115 × 187 cm. Galeria Bolsa de Arte, Porto Alegre.

---

4   Além das perspectivas linear e tonal, há também a perspectiva aérea. Segundo Mayer (1999, p. 621): "Na natureza, as partes distantes de uma paisagem assumem uma cor menos brilhante de que os objetos em primeiro plano; muitas vezes tornam-se nebulosas ou adquirem um tom branco-azulado devido ao volume de umidade atmosférica através da qual são observadas. Este efeito pode ser diretamente transportado para uma pintura sem o uso de regras ou leis além daquelas que podem ser aprendidas pela observação do fenômeno natural. Se todos os elementos são iguais, os objetos apresentam uma tendência natural para adquirir uma coloração mais fria (deixando a zona vermelho-laranja-amarelo do espectro e indo na direção da zona verde-azul-violeta) à medida que recuam; esta mudança pode ser representada misturando-se maiores quantidades de pigmentos brancos ou pálidos com as cores".

remetem à relação entre arte e vida, como na produção de Brígida Baltar, que estudamos no segundo capítulo.

4.1.2 O desenho como expressão do artista

Conforme comentamos no final do capítulo anterior, o desenho pode ser um meio de expressão utilizado pelo artista para representar o que ele sente e pensa, como vê o mundo e as pessoas à sua volta. Pode ser uma cópia fiel da realidade (mimese) ou formas não figurativas, assim como pode se tratar de um trabalho mais subjetivo e conceitual[5]. Também podemos identificar trabalhos que trazem desenhos mais autorais, em que o artista não se preocupa com a habilidade manual, encontrando mais liberdade de expressar sua visão de mundo de modo menos vinculado com a mímese.

A artista plástica francesa Louise Bourgeois constrói uma poética individual muito peculiar, em que seus desenhos, seus objetos e suas instalações refletem seu drama pessoal e familiar, por meio de autorretratos.

Outra questão interessante é que os desenhos de Bourgeois são também esboços para futuros objetos e instalações. Em outras palavras, a artista materializa suas ideias por meio de rascunhos e depois escolhe qual linguagem utilizará para concretizá-las. Salles (2007, p. 38) salienta que tais desenhos preparatórios têm o objetivo de planejar obras futuras e que esses "desenhos de trabalho são promessas preliminares de realidade."

---

[5] "O termo *arte conceitual* foi usado pela primeira vez em um texto de Henry Flynt, em 1961, entre as atividades do Grupo Fluxus. [...] O mais importante para a arte conceitual são as ideias, a execução da obra fica em segundo plano e tem pouca relevância. [...] Ele [o artista] pode muitas vezes delegar o trabalho físico a uma pessoa que tenha habilidade técnica específica." (Enciclopédia Itaú Cultural, 2016a).

Faça uma pesquisa *on-line* sobre a obra *Spiral Woman*, de Louise Bourgeois. Você perceberá que essa obra se realiza em diferentes etapas. Nelas, os desenhos são considerados, ao mesmo tempo, obra e projeto, sendo ambos partes integrantes do universo poético da artista.

No *link* a seguir, você conhecerá um esboço da obra:

MOMA – Museum of Modern Art. **Louise Bourgeois**: Spiral Woman, plate 2 of 7, from the portfolio, La Réparation. Disponível em: <http://www.moma.org/collection/works/84642?locale=en>. Acesso em: 7 jul. 2016.

Perceba, no esboço, que a liberdade expressiva da artista faz com que se abram as possibilidades no uso de diferentes materiais: até mesmo a caneta esferográfica constrói seus desenhos, assim como o caderno pautado serve de suporte para seus trabalhos artísticos (como vimos no Capítulo 2). Veja, no *link* a seguir, que a artista redesenha a mesma obra sobre uma impressão em gravura, surgindo um trabalho em que as linhas do desenho são descompromissadas, podendo ser finas, grossas e hachuradas:

MOMA – Museum of Modern Art. **Louise Bourgeois**: Spiral Woman, plate 2 of 7, from the portfolio, La Réparation. Disponível em: <http://www.moma.org/collection/works/84644>. Acesso em: 7 jul. 2016.

O mesmo desenho pode assumir um caráter monocromático da gravura em metal, destacando a figura e o fundo, o que evidencia a mulher com longos cabelos lisos e o corpo construído por um espiral, conforme você pode observar no *link* a seguir:

MOMA – Museum of Modern Art. **Louise Bourgeois**: Spiral Woman, plate 2 of 7, from the portfolio, La Réparation. Disponível em: <http://www.moma.org/collection/works/119531?locale=en>. Acesso em: 7 jul. 2016.

Figura 4.12 – *Spiral Woman*, de Louise Bourgeois

BOURGEOIS, Louise. **Spiral Woman**. 1984. Escultura em bronze: color.; 35,6 × 11,4 × 14 cm.

© The Easton Foundation/AUTVIS, Brasil, 2016
Nacho Doce/Reuters/Latinstock

Assim, só podemos compreender o processo criativo da artista Louise Bourgeois se considerarmos todos esses elementos, já que há uma diversidade de materiais para sua execução, como na escultura em bronze (Figura 4.12).

Analisando a série de trabalhos realizados por Bourgeois, constatamos a despreocupação e a liberdade na retratação da figura feminina presente nos seus desenhos. Nesse ponto, a figura é simplificada e evidenciada por suas linhas de contorno.

> Você pode conhecer mais sobre as obras e os projetos de Louise Bourgeois acessando o *link* a seguir: LOUISE BOURGEOIS. Disponível em: <http://www.moma.org/explore/collection/lb/index>. Acesso em: 14 jun. 2016.

Em contraposição, temos as gravuras (em metal e litogravura) do artista visual norte-americano Jim Dine. Nelas, percebemos claramente sua habilidade técnica, que faz uso da mimese para retratar a realidade objetiva e concreta, conforme exemplificado na Figura 4.13.

O artista contemporâneo pode potencializar suas habilidades técnica e manual, ao integrá-las a questões não somente formais, mas que se conectam aos aspectos conceituais, subjetivos, sociais, culturais, entre outros elementos que promovam reflexão e discussão. No caso de artistas como Bourgeois e Leonilson, percebemos que eles optaram por um desenho mais simplificado e esquematizado, que apresenta a figura humana, sem uma preocupação com a primazia técnica. Suas produções têm um caráter mais autoral e com a caligrafia iconográfica de cada um dos artistas.

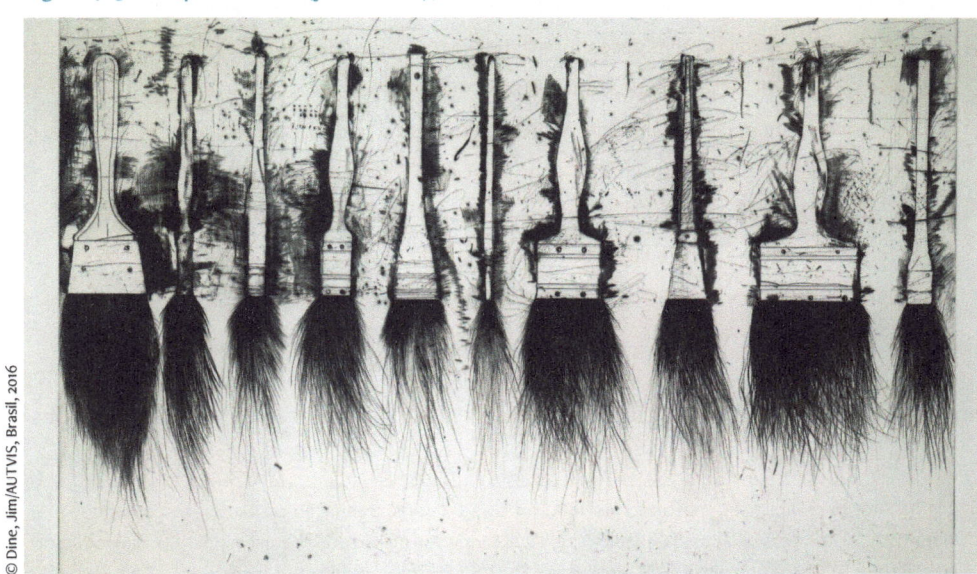

Figura 4.13 – *Five paintbrushes (fourth state)*, de Jim Dine

DINE, Jim. **Five paintbrushes (fourth state)**. 1973. Água-forte e ponta seca: p&b.; 80,6 × 96,2 cm. Reynolda House Museum of American Art, Winston-Salem.

4.2 O desenho como projeto artístico

Muitos artistas desenvolvem seus trabalhos tomando por base projetos, com o intuito de amadurecer suas ideias acerca da sua efetiva concretização e viabilidade. Nesse sentido, há a produção de Regina Silveira, que concebe seus trabalhos tomando por base projetos previamente pensados, incluindo a pesquisa dos melhores meios de materializá-los.

Silveira relata, no livro *Cartografias das sombras* (Moraes, 1995), que o desenho constitui-se como uma ferramenta para o seu processo de trabalho e, no momento em que concebe suas ideias sobre o papel, a artista dá vazão à sua intuição. Silveira afirma:

> Acredito que no meu desenho não só não há destreza artesanal como também não há traço autográfico. Meus desenhos são uma perseguição do mundo das ideias, um acercamento de determinados tipos de soluções para visualidades. É quando estou desenhando que me sinto mais à vontade e, ao mesmo tempo, mais provocada. [...] eles são algo que eu gostaria de chamar de gráficos que conduzem a outros meios, a outros tipos de realizações no papel (como é o caso da gravura) ou no espaço tridimensional (como as instalações e objetos). São desenhos preparatórios. São o lugar da invenção, uma espécie de depósito de ideias. (Moraes, 1995, p. 62)

Além dos espaços expositivos, a produção de Silveira transita no mundo acadêmico, em que defendeu sua dissertação de mestrado[6] e tese de doutorado[7]. Nessas produções

---

[6] Regina Silveira realizou seu mestrado em 1980 no curso de pós-graduação da Escola de Comunicação e Artes (ECA) da Universidade de São Paulo (USP). Defendeu sua dissertação com a exposição *Anamorfas*, no Museu de Arte Contemporânea (MAC), localizado na USP (Moraes, 1995).

[7] No ano de 1984, Silveira defendeu sua tese de doutorado na ECA/USP, com a exposição *Simulacros*, no MAC/USP (Ibirapuera) (Moraes, 1995).

científicas, constam reflexões acerca de seus trabalhos artísticos, sendo um deles seu projeto para a elaboração de "sombras". Segundo Moraes (1995), as sombras realizadas por Silveira não são executadas com base em cálculos, já que estes "só são convocados depois de a resolução da forma responder ao conteúdo pretendido e apenas para transferir essa cartografia arbitrária ao plano" (Moraes, 1995, p. 18). O plano mencionado por Moraes refere-se aos meios bidimensionais (desenhos, gravuras, tapeçarias e recortes) e tridimensionais (objetos e instalações), nos quais Silveira materializa seus trabalhos no espaço expositivo.

Essas sombras que Silveira realiza estão calcadas na história da arte e encontra embasamento nos "códigos perspectivistas difundidos nos séculos XVII e XVIII como um conjunto de procedimentos capazes de sugerir a ilusão da terceira dimensão no espaço plano" (Moraes, 1995, p. 18). Esses códigos foram incorporados ao olhar ocidental pela influência de Leonardo da Vinci e decaíram após o advento da fotografia (século XIX) e do impressionismo. Conforme Moraes (1995), na obra de Silveira o desenho técnico é utilizado como recurso para a realização de sombras projetadas a partir de objetos previamente escolhidos pela artista, conforme você pode observar na Figura 4.14.

Tais desenhos são produzidos sob papéis milimetrados para que a artista possa "mapear" as formas e realizar distorções das mesmas sombras projetadas. Silveira (citada por Moraes, 1995, p. 69), afirma:

> Meus projetos sofrem mudanças maiores na etapa do desenho, que é a fase da concepção mais profunda da obra. Nesse momento, ele pode transformar-se radicalmente. Quando chego mais próximo daquilo que quero realizar, tudo passa a ser um problema mecânico de tamanho ou de meio, que chega a dispensar minha presença para a execução final. Como fica tudo perfeitamente determinado no projeto desenhado, no estágio seguinte, de ampliação e finalização, meu trabalho pode ser executado por assistentes.

Figura 4.14 – *Desenho preparatório para a série Dobras*, de Regina Silveira

SILVEIRA, Regina. Desenho preparatório para a série Dobras. 2001.

Figura 4.15 – *In Absentia M.D.*, de Regina Silveira

Fotografia: Romulo Fialdini

SILVEIRA, Regina. **In Absentia M.D**. 1983. Látex sobre piso de cimento e painéis de madeira: p&b.; 1000 × 2000 cm. VII Bienal de São Paulo.

Silveira também admite que sua obra muda quando passa do projeto ao suporte definitivo, que pode ser pintado (com tinta latéx, no caso da obra representada na Figura 4.15) diretamente sobre as paredes e o chão do espaço expositivo. Essa obra tem um caráter efêmero, pois a tinta é removida do espaço e ela se desmaterializa após a exposição. Em algumas obras, a artista realiza uma espécie de releitura de outras obras, pois muitos dos objetos escolhidos tratam-se de ícones da história da arte, como o *ready-made*[8] de Marcel Duchamp, ou se utiliza de objetos do cotidiano (como garfos e facas). Outro material que também é utilizado para realizar os trabalhos da artista são as lâminas de poliéster, que permitem uma permanência da obra e sua remontagem em outros espaços.

O crítico de arte brasileiro Tadeu Chiarelli, citado pela Enciclopédia Itaú Cultural (2016k), faz a seguinte observação acerca da produção de Silveira:

> Em *Anamorfas* (1980), interessa-se pela subversão dos sistemas de perspectiva. Os trabalhos partem de fotografias de objetos cotidianos, tomadas de certa altura e determinados ângulos, redesenhados com o intuito de obter compressões, dilatações e dobras. *Simulacros* (1984) é um conjunto de trabalhos cuja característica comum é a representação de sombras criadas com base em distorções projetivas inventadas, nas quais o elemento causador não está presente. Há, nessas obras, uma referência conceitual ao dadaísmo e surrealismo. A artista tem como intuito o questionamento da natureza da representação visual e da sua relação com a percepção. Faz uso da sombra como índice de ausência, de algo de que o observador tem apenas a referência mental.

---

8 "O termo é criado por Marcel Duchamp (1887-1968) para designar um tipo de objeto, por ele inventado, que consiste em um ou mais artigos de uso cotidiano, produzidos em massa, selecionados sem critérios estéticos e expostos como obras de arte em espaços especializados (museus e galerias). Seu primeiro ready-made, de 1912, é uma roda de bicicleta montada sobre um banquinho (*Roda de Bicicleta*). Duchamp chama esses ready-mades compostos de mais de um objeto de ready-mades retificados." (Enciclopédia Itaú Cultural, 2016j)

Como vimos no capítulo anterior, há artistas que escrevem ao lado de seus esboços, como Leonardo da Vinci. A seguir, podemos contemplar outra obra de Da Vinci (Figura 4.16), artista que usa o desenho como construção de projetos artísticos, que se constitui como parte fundamental do trabalho artístico (ver Figura 4.17).

Ao observarmos Silveira e Da Vinci, notamos que o esboço como projeto marca a produção de artistas contemporâneos e resgata as pesquisas artísticas/científicas do período renascentista. Assim, constatamos que esse recurso continua presente e preserva sua importância para a organização do pensamento artístico e a materialização de suas ideias. Se na atualidade valorizamos o processo poético do artista, devemos considerar que o esboço é parte integrante da obra que está se constituindo. Muitas vezes, esses desenhos (iniciais ou não) tornam-se a própria obra, como você vai conferir nos trabalhos do artista Christo, presentes na Seção "Questões para reflexão" deste capítulo.

4.2.1 O esboço como projeto e obra artística

Geralmente, o artista registra primeiro sua ideia no papel, assim como lhe ocorre no momento – espontaneamente. Alguns registram a concepção abstratamente, através de palavras, simplesmente, ou fazendo um esboço bastante rudimentar, acompanhado de anotações. Isso é feito para não se perder a ideia, o que pode acontecer quando se está envolvido em algum projeto e, de repente, aparece outra ideia. Aliás, é muito comum as ideias surgirem assim. Os esboços de planejamento são bastante variados. Os mais importantes são esboços de composição, porque a ideia pode ser desenhada com estruturas e ritmos diferentes, e depois os esboços podem ser comparados entre si. [...] É através desses esboços que se fazem as alterações necessárias para aperfeiçoar o ritmo e a estrutura de um trabalho. (Hallawell, 1994, p. 53)

O artista plástico suíço Alberto Giacometti, que integrou o período modernista, elaborava esculturas em bronze de figuras humanas com características bem peculiares: figuras alongadas e afinadas, com uma textura em sua superfície, conforme você pode observar nas Figuras 4.18 e 4.19.

Figura 4.16 – *Códice Madrid I*, de Leonardo da Vinci

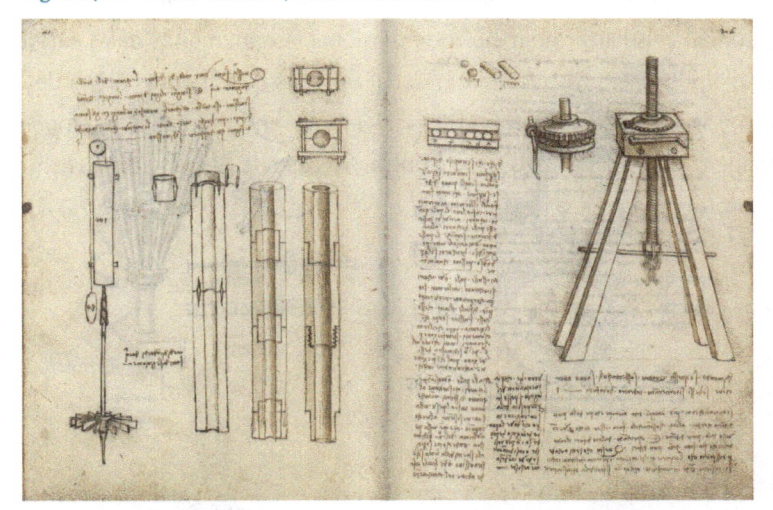

DA VINCI, Leonardo. **Códice Madrid I**. 1490-1499. Pena e nanquim sobre papel: p&b.; 21 × 15 cm. Folha 26. Biblioteca Nacional, Madrid.

Figura 4.17 – *Códice Madrid I*, de Leonardo da Vinci

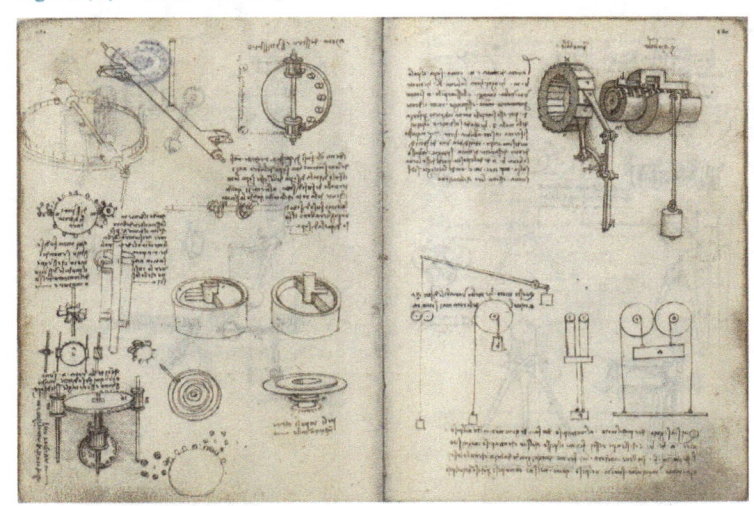

DA VINCI, Leonardo. **Códice Madrid I**. 1490-1499. Pena e nanquim sobre papel: p&b.; 21 × 15 cm. Folha 12. Biblioteca Nacional, Madrid.

Mesmo conhecido por suas esculturas, Giacometti tinha o hábito de desenhar essas figuras tão peculiares que podemos visualizar no meio tridimensional. Assim, muitas delas surgiram de esboços para que ele pudesse, provavelmente, visualizar seus movimentos antes de concretizá-las. Salles (2007) aponta que, nas artes visuais, alguns desenhos podem desempenhar uma "função de passagem" entre uma linguagem e outra. No caso de Giacometti, os esboços eram rascunhos preparatórios para suas esculturas.

Figura 4.18 – *L'homme qui marche II*, **de Alberto Giacometti**

GICAOMETTI, Alberto. **L'homme qui marche II**. 1960. Lápis grafite sobre papel.

Figura 4.19 – *L'homme qui marche II*, **de Alberto Giacometti**

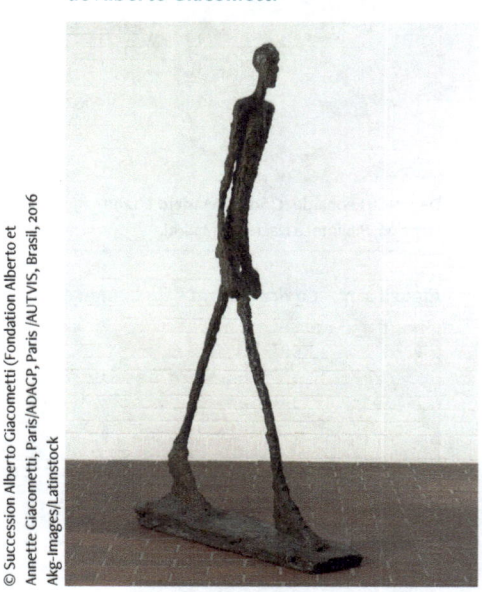

GIACOMETTI, Alberto. **L'homme qui marche II**. 1960. Escultura em Bronze. 189 ×26 × 110 cm. Fondation Alberto et Annette Giacometti, Paris.

Em seu livro intitulado *Arquivos de criação: arte e curadoria*, Salles (2010) também faz uma reflexão sobre o livro de James Lord, intitulado *Um retrato de Giacometti*, que relata um pouco sobre o processo de criação desse artista. Ela comenta que

> O retrato de Giacometti possibilita acompanharmos essa aventura de sua percepção artística, que se materializa nos relatos de seu embate diário entre ver e representar. [...] Pode-se sentir, ao mesmo tempo, solidário a outros que esteja enfrentando esse embate solitário em sua busca "simples". "Se alguma outra pessoa tentasse fazer o que estou fazendo, teria as mesmas dificuldades". James Lord indaga: "Mais alguém está tentando fazer o que você tenta?" Ele responde: "Ninguém que eu saiba. E, no entanto, parece simples. O que estou tentado fazer é apenas reproduzir numa tela, ou na argila, o que vejo". (Salles, 2010, p. 27)

Outro artista modernista é Paul Klee, que tinha o hábito de escrever acerca do seu processo de criação em um diário (Figura 4.20), relacionando suas reflexões com outras áreas das artes, tal como a música (Salles, 2010).

Figura 4.20– *Galoppierende Pferde II*, de Paul Klee

KLEE, Paul. **Galoppierende Pferde II**. 1912. Pena sobre papel-cartão: p&b.; 7,6 × 22,7 cm. Zentrum Paul Klee, Bern.

O aspecto importante desses relatos, que poderíamos nomear de *escritos de artistas*, é que revelam experiências (bem-sucedidas ou não), dúvidas e projetos que foram abandonados. Assim, percebemos que nesses escritos de artistas há relatos que são permeados por erros e acasos presentes no processo de feitura da obra.

Aqui, podemos citar Valéry (1999), em seu livro *Variedades*, que trata justamente dos percalços que envolvem o processo de criação, nos quais erros e acasos podem ser incorporados (ou não) na produção artística final. Nesse sentido, retomamos o artista Paul Klee, que concretizou inúmeros esboços realizados em sua trajetória artística e arquivou outros tantos.

Salles (2007) chama de *desenhos da criação* os esboços que partem do pensamento visual do artista e que refletem os caminhos percorridos por ele. O processo de criação é volátil e pode manifestar-se em lugares e momentos inusitados. Nesse sentido, constatamos que, mesmo para escultores como Giacometti, o desenho assume um papel de importância para o desenvolvimento das suas obras. Já em Klee, percebemos a conexão entre as artes plásticas e a música, em que escritos, cálculos e desenhos convivem no mesmo diário poético.

Desse modo, podemos afirmar que, independentemente da linguagem, tanto modernistas quanto contemporâneos encontram (ou encontraram) no desenho um viés de conexão entre o mundo das ideias e o mundo concreto de suas produções artísticas.

4.2.2 Trabalhando com projeto: uma construção da linguagem artística individual com base no desenho

Um dos procedimentos recorrentes na arte contemporânea é o **projeto**. Com ele, o artista desenvolve suas ideias e as etapas de execução/construção do objeto artístico. Assim, pode visualizar as possibilidades e as intenções do seu trabalho, além de como o materializará futuramente, como será exposto, qual sua possível repercussão no meio artístico e qual relação terá com o público. Tudo deve ser pensado nessa fase. Como ninguém produz somente para si mesmo, é fundamental que tal produção tenha relação com o outro. Nesse sentido, Salles (2007) comenta que os esboços constituem-se como fragmentos de uma rede interligada de pensamentos, ações, desejos e buscas que são responsáveis pela materialização do objeto artístico.

Um projeto artístico pode ou não ser executado. Pode ser concretizado por meio de várias linguagens artísticas. Pode ser concebido para um único trabalho ou integrar uma série de produções durante determinado período, que pode até mesmo durar anos. Pode partir de uma proposta de alguma instituição, como no caso das bienais, ou de órgãos públicos (obra pública). Também pode surgir (ou já existir) para atender a um edital de lei de incentivo à cultura[9], no qual o artista poderá ter seu trabalho financiado e viabilizado.

Muitas vezes, o artista pode ter vários projetos realizados/executados simultaneamente, podendo eles dialogar entre si ou não. Também é comum desenvolver um projeto cuja produção só é viável com recursos de financiamento (público ou privado).

Atualmente, encontramos artistas que não executam suas obras, apenas elaboram os projetos. Dessa maneira, o esboço de suas ideias adquirem o mesmo valor de um trabalho finalizado. Às vezes, a própria poética do artista pressupõe que a obra tenha *status* de projeto. Segundo Salles (2007, p. 37),.

> As avaliações do artista estão implícitas nesse processo de experimentar: ao produzir possíveis obras, ele pode ter de enfrentar todos os tipos de erros ou chegar à

---

9 "Na definição de Ana Carla Fonseca Reis, as leis de incentivo à cultura são instrumentos legais por meio dos quais o governo disponibiliza um montante de sua arrecadação, da qual abrirá mão, a agentes da iniciativa privada que investirem recursos financeiros em projetos culturais previamente aprovados por instâncias governamentais." (Itaú Cultural, 2016).

conclusão de que não é esta ainda aquela buscada; como consequência, é gerada a necessidade de fazer outras tentativas e, assim, a abertura para novas descobertas. Ao compararmos um desenho com outro, observa-se aquilo que ainda não satisfaz o artista, sensação essa que gera novos desenhos. Constrói-se à custa de destruições. Os julgamentos do artista levam a tomadas de decisão e, naturalmente, a possíveis alterações. O ato de rasurar ou fazer adequações, portanto, é resultado de reflexão e gera momentos de opção. A natureza dessa investigação desenvolvida nos esboços pode estar associada aos diferentes momentos históricos e movimentos da arte, pois ao longo das experimentações revela-se aquilo que está sendo buscado pelo artista, imerso em seu tempo e seu espaço.

Muitos projetos são realizados com outros artistas e acompanhados pelo público, no caso de obras públicas. Outras vezes, o público torna-se parte integrante no processo de execução do trabalho, como no caso das instalações artísticas.

Desse modo, assim como em várias áreas de atuação profissional, o projeto pode integrar o processo de criação dos artistas visuais, como forma de organizar suas ideias, investigar e experimentar materiais para a concretização da obra e até mesmo para buscar o financiamento para a viabilização do trabalho.

Síntese

Neste capítulo, você conheceu um pouco mais sobre o uso do desenho como representação da realidade objetiva (mimese), que, em um dado período histórico, atendia a alguns pressupostos estilísticos. Nesse sentido, constatamos que a proporção e as perspectivas linear e tonal eram consideradas alguns dos elementos fundamentais utilizados pelos artistas para a retratação do mundo concreto sobre o suporte bidimensional.

Em contraposição, apresentamos alguns artistas contemporâneos que vivenciaram uma libertação dessa rigidez iconográfica e encontraram uma possibilidade de desenvolver suas poéticas individuais sem as amarras desses pressupostos estilísticos.

Indicações culturais

BRANCO, E. S.; MENTA, E. O estudo da perspectiva em obras de arte. **Portal do Professor**, 15 out. 2010. Disponível em: <http://portaldoprofessor.mec.gov.br/fichaTecnicaAula.html?aula=23464>. Acesso em: 14 jun. 2016.

> Acesse o Portal do Professor (do Ministério da Educação) e visualize a aula intitulada *O estudo da perspectiva em obras de arte*, que traz uma explanação sobre tipos de perspectivas e apresenta algumas proposições práticas para a sala de aula.

METZGER, P. **A perspectiva sem dificuldade**. São Paulo: Taschen, 1997. v. 1.

> Leia o livro *A perspectiva sem dificuldade*, de Phil Metzger, que trata sobre a perspectiva e conta com vários exercícios práticos ilustrativos que elucidam a questão de maneira simples e objetiva.

MORAES, A. de (Org.). **Regina Silveira**: cartografias da sombra. São Paulo: Edusp, 1996.

> Esse livro trata da trajetória artística de Regina Silveira. Nele há relatos, esboços de projetos e obras finalizadas sob o enfoque da crítica de arte Angélica de Moraes.

Atividades de autoavaliação

1. Leia o texto a seguir e assinale a alternativa que preenche corretamente as lacunas:

   A _____ tinha uma formação acadêmica e alguns pressupostos estilísticos que "contaminavam" e influenciavam sua descrição do mundo à sua volta. Nesse sentido, podemos citar Jean-Baptiste Debret, artista francês que integrou a _____, no ano de 1816, e desembarcou no Rio de Janeiro com o objetivo de retratar a fauna, a flora e a população brasileira. Se observarmos atentamente os desenhos desse artista, veremos a forte influência da _____ do século XVIII, movimento artístico do qual fez parte, mesmo sendo perceptíveis as diferenças entre seus desenhos da _____ e suas pinturas do período em que morava na França.

   a) artista viajante; missão artística francesa; pintura neoclássica; região brasileira.
   b) missão artística francesa; artista viajante; região brasileira; pintura neoclássica.
   c) artista viajante; missão artística francesa; região brasileira; pintura neoclássica.
   d) missão artística francesa; artista viajante; pintura neoclássica; região brasileira.

2. Observe atentamente as imagens a seguir e relacione-as com seus autores e suas características:

   a)
   b)
   c)
   d)

( ) Leonardo da Vinci era um pesquisador que realizava esboços de suas invenções e explorava diversas áreas, como a física, a mecânica, entre outras.

( ) Jim Dine é um artista da *pop art* norte-americana e reproduz objetos de seu cotidiano, desde peças de vestuário até itens de uso doméstico ou profissional.

( ) Alberto Giacometti é um escultor que faz uso de esboços sobre papel para conceber suas esculturas.

( ) Regina Silveira utiliza esboços para elaborar suas obras, as quais relacionam objetos do cotidiano.

3. Com relação à expressão *ready-made*, leia as afirmativas a seguir e assinale a alternativa **incorreta**:

    a) A expressão foi criada pelo artista plástico francês Marcel Duchamp.

    b) O primeiro *ready-made* de Duchamp foi uma roda de bicicleta montada sobre um banco, no ano de 1912.

    c) *Ready-made* consiste na escolha de um ou mais artigos industrializados para serem expostos como obra de arte em museus e/ou galerias, seguindo critérios estéticos da pintura e da escultura.

    d) Os *ready-mades* compostos de mais um objeto foram chamados por Duchamp de *ready-mades retificados*.

4. Assinale a(s) alternativa(s) correta(s) no que diz respeito à produção artística de Regina Silveira:

    a) Silveira concebe seus trabalhos artísticos com base em projetos previamente pensados para que possa pesquisar os melhores meios de materializá-los.

    b) Silveira tem uma série de trabalhos chamada de *Anamorfas* que realiza com a técnica de desenho do período renascentista.

c) O termo *Anamorfas* diz respeito à imagem deformada de um determinado objeto, visualizado com algum instrumento ótico não esférico.

d) Silveira realiza suas anamorfoses apenas com objetos do cotidiano, evitando a releitura de obras de outros artistas da história da arte.

5. Assinale (V) para verdadeiro e (F) para falso:
   ( ) Louise Bourgeois é considerada uma artista viajante que, durante o período colonial, retratava as pessoas, os costumes, a fauna e a flora brasileira.
   ( ) Bourgeois é uma artista contemporânea que se utiliza do esboço como elemento prévio para elaboração de suas obras, como desenhos, objetos e instalações.
   ( ) Os desenhos de Bourgeois são considerados obras e ao mesmo tempo projetos, e ambos são parte integrante do universo poético da artista.
   ( ) Bourgeois utiliza diferentes materiais, como bronze, tecido e caneta esferográfica para executar seus trabalhos.

Atividades de aprendizagem

Questões para reflexão

1. O artista visual norte-americano Christo, juntamente com sua esposa e também artista Jeanne-Claude, realiza trabalhos diretamente sobre a paisagem (inóspita e urbana), revestindo árvores, castelos e montanhas, entre outros elementos, com os mais diferentes tipos de tecidos, criando um resultado estético inusitado, que provoca um estranhamento nas pessoas que circulam nesses espaços. Para

a execução desses trabalhos, são realizados projetos com esboços das futuras obras, conforme podemos ver nas figuras a seguir. Como alguns de seus trabalhos não se concretizam, tais esboços tornam-se trabalhos artísticos expostos e comercializados.

Faça uma pesquisa acerca dos trabalhos desses artistas e dos esboços realizados para a execução desses projetos de grande magnitude. Depois, discuta com seus colegas sobre a importância do esboço para um projeto artístico.

The Wall (Project for a Wrapped Roman Wall), de Christo

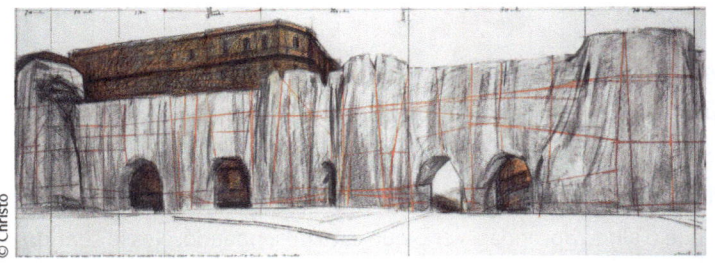

CHRISTO. **The Wall (Project for a Wrapped Roman Wall)**. 1973. Desenho a lápis, giz pastel e carvão: color.; 81,5 × 244 cm. Coleção particular, Europa.

The wall – Wrapped Roman Wall, Via Veneto and Villa Borghese, de Christo e Jeanne Claude

CHRISTO; JEANNE CLAUDE. **The wall – Wrapped Roman Wall, Via Veneto and Villa Borghese**. 1973-1974. Roma, Itália.

The Wall (Project for a Wrapped Roman Wall), de Christo

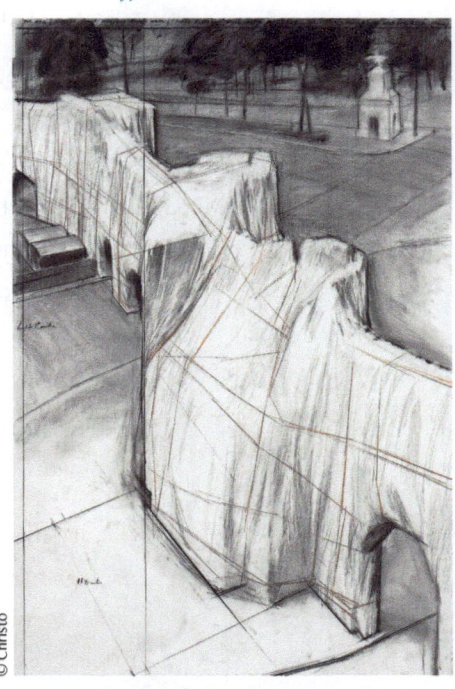

CHRISTO. **The Wall (Project for a Wrapped Roman Wall)**. 1974. Desenho, lápis, giz pastel e carvão: p&b.; 165 × 106,6 cm. Museumi Würth, Künzelsau.

2. Assista ao vídeo intitulado *Paul Klee: o diário de um artista*, disponibilizado no endereço indicado a seguir. Trata-se de uma análise do diário de Klee e mostra a relação do artista com a arte e com o processo de criação, em uma investigação dos escritos, dos desenhos e das pinturas ali retratados. Depois de assistir ao vídeo, reúna-se com seus colegas para discutir sobre a importância dos registros iconográficos como mapeamento da trajetória criativa do artista.

FORZA. **Paul Klee**: o diário de um artista. Disponível em: <https://www.youtube.com/watch?v=tI-mW8mZfjU>. Acesso em: 15 jun. 2016.

Atividade aplicada: prática

No livro intitulado *Desenhando com o lado direito do cérebro*, Betty Edwards (1984) sugere um método de ensino em que qualquer pessoa pode aprender a desenhar "bem", no sentido de representar os elementos do mundo à sua volta, como um retrato, uma paisagem ou uma natureza-morta. Quanto a isso, ela afirma que não é necessário ter uma habilidade nata, mas é fundamental que o aluno aprenda a ver o que está desenhando. Nesse sentido, Edwards comenta alguns aspectos que precisam ser considerados ao ensinar o aluno a desenhar:

> A aquisição da habilidade de desenhar com realismo é valiosa sob três aspectos. Em primeiro lugar, através do realismo aprendemos a ver com profundidade. Em segundo lugar, quando ainda não se é artista, a aquisição dessa habilidade pode nos transmitir um senso de confiança em nossa capacidade criativa que talvez jamais conseguíssemos atingir de outra forma [...] E, em terceiro lugar, aprendemos a fazer a transição para outra modalidade de pensamento, modalidade esta com algo potencial para a solução criativa e inteligente de problemas. (Edwards, 1984, p. 19)

Desse modo, a autora defende que se está exercitando o hemisfério direito do cérebro[10], responsável pela nossa intuição e criatividade, elementos fundamentais não somente para as artes visuais, mas para qualquer área de atuação (de ensino ou profissional).

Uma das maravilhosas aptidões do hemisfério direito é a capacidade de formar imagens: ver uma figura imaginária com o "olho da mente". A criatividade será abordada no próximo capítulo, mas, com base nas reflexões de Edwards, podemos adiantar um pouco sobre o assunto, já que a autora defende a ideia de que a criatividade estende-se para outras áreas e não somente a das artes.

A seguir, indicamos um exercício de Edwards chamado *Desenho modificado de contornos*, para que você exercite sua habilidade motora e visual no desenho. A atividade consiste na observação das "relações de tamanhos, comprimentos, ângulos"; nela, você deve ficar atento ao seguinte: "a direção de uma linha, a proporção entre as formas" (Edwards, 1984, p. 105). Para realizá-la, utilize papel Canson® (A3) e lápis grafite (6B).

Segue o exercício transcrito na íntegra:

> Antes de começar: Leia todas as instruções.
> 1. Providencie para que não seja interrompido durante, pelo menos, meia hora.
> 2. Sente-se confortavelmente diante de uma mesa, desta vez na posição comum. [...] Fixe o papel com fita adesiva sobre a mesa, a fim de que este não se desloque. Novamente, você irá desenhar a sua mão. Ponha sua mão numa posição complexa – dedos entrelaçados, crispados, cruzados ou o que

---

10 "Visto de cima, o cérebro humano lembra as duas metades de uma noz – duas metades aparentemente semelhantes, enroladas, arredondadas e ligadas no centro. Essas duas metades são chamadas de 'hemisfério esquerdo' e 'hemisfério direito'. A ligação do sistema nervoso ao cérebro é feita em cruzamento. O hemisfério esquerdo controla o lado direito do corpo, ao passo que o hemisfério direito controla o lado esquerdo." (Edwards, 1984, p. 38).

preferir. Para o fim que temos em vista, a posição complexa é melhor que uma posição simples, quando a mão fica em repouso ou aberta, porque o hemisfério direito aparentemente prefere a complexidade.

3. Em hipótese alguma mude a posição de sua mão, uma vez que tenha começado a desenhar, nem da cabeça – isto é, não incline a cabeça para ver uma parte da mão que possa estar oculta. Escolha uma única posição e conserve-a. Queremos uma única visão, não uma visão múltipla capaz de distorcer o desenho.

4. Olhe fixamente a mão antes de começar a desenhar [...] Visualize uma linha vertical e outra horizontal próximas à sua mão. Observe a relação de um único ângulo com a vertical ou a horizontal. Agora, olhe o papel e visualize o ângulo como se este estivesse traçado no papel. Encontre um espaço, talvez um espaço entre os dedos. Olhe fixamente esse espaço até ver como suas bordas se encontram com as bordas dos dedos. [...]

5. Fixe o olhar em qualquer ponto do contorno. Verifique o ângulo em relação à vertical ou à horizontal. À medida que seu olhar percorre o contorno, o seu lápis deve desenhar o contorno no papel com a mesma lentidão. Passe desse contorno para um contorno adjacente. Não desenhe um esboço completo para depois tentar desenhar as formas internas. É muito mais fácil passar de uma forma para outra forma adjacente. Como no caso do mero desenho de contornos, o seu lápis irá registrando todas as arestas, notando cada pequena mudança de direção ou ondulação de cada contorno. Trata-se de um processo feito sem palavras. Não fale consigo mesmo. Não nomeie mentalmente as partes enquanto desenha. Você está lidando somente com informações visuais; as palavras são inúteis. Não é necessário tentar conceber

coisa alguma de modo lógico, porquanto todas as informações visuais estão ali, diante dos seus olhos [...].

6. Olhe o papel somente para localizar um ponto ou verificar uma relação. Cerca de noventa por cento do seu tempo deve ser gasto olhando a mão que você está desenhando [...].
7. Ao chegar às u-n-h-a-s, desenhe as formas em torno das unhas, não as unhas em si. Assim, você evitará recorrer a algum antigo símbolo de infância [...].
8. Finalmente, lembre-se de tudo o que precisa saber acerca de sua mão a fim de desenhá-la – todas as informações perceptuais de que você precisa – está logo ali, em frente a seus olhos. Sua tarefa é simplesmente registrar estas percepções sob a forma de marcas no papel. (Edwards, 1984, p. 106)

Pronto! Agora que você leu o exercício proposto por Edwards, vamos praticar? Pegue lápis e papel e mãos à obra!

5

*O desenho
e a criatividade*

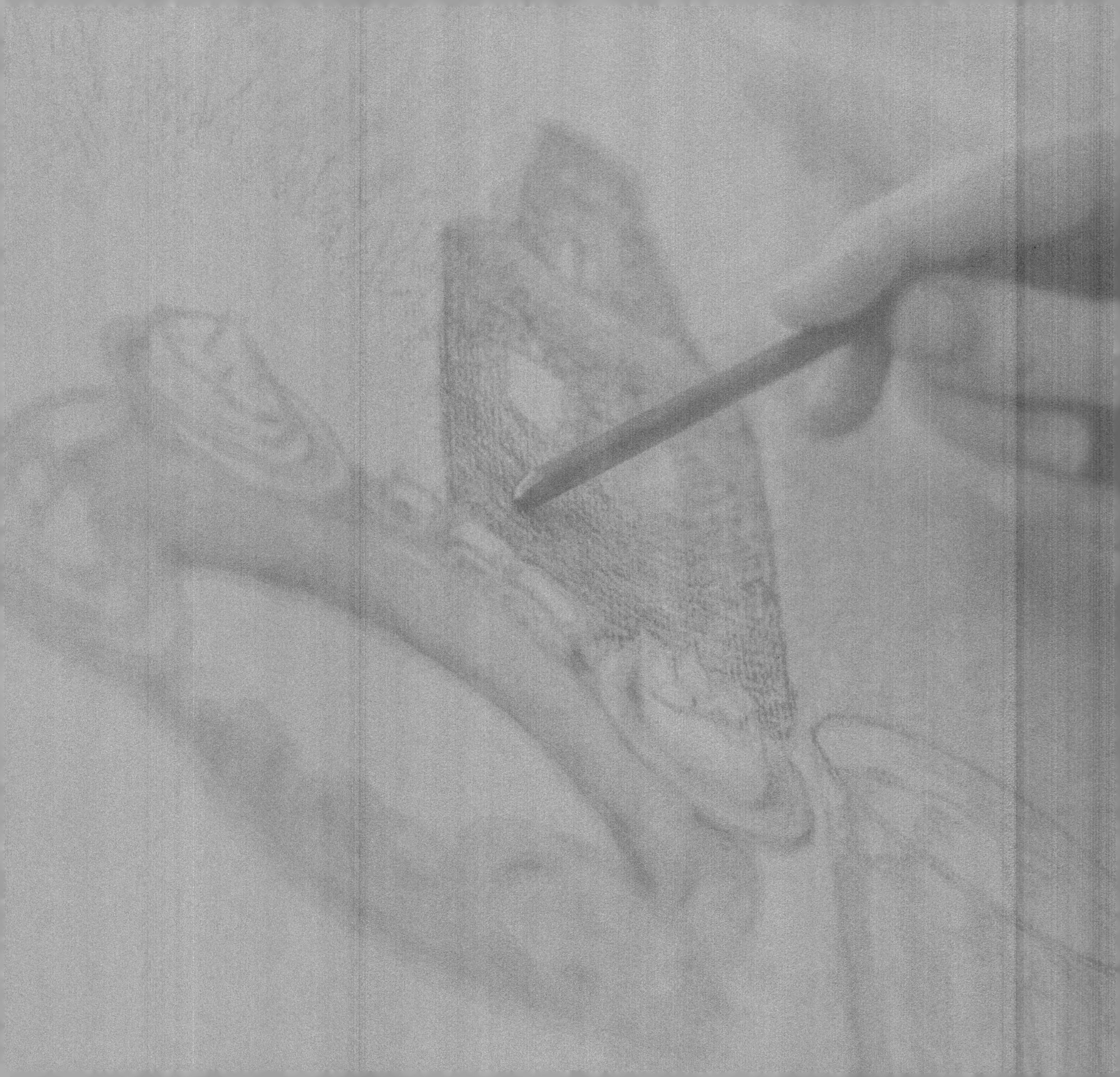

Neste capítulo, apresentaremos alguns dos principais autores que estudam a criatividade, com uma bibliografia atualizada e aprofundada sobre o assunto, a fim de proporcionar a você uma contextualização dessas questões. A criatividade é utilizada em muitas áreas. Aqui, procuraremos apontar algumas reflexões que conectam esse assunto à educação.

5.1 Compreendendo a criatividade

Sob o ponto de vista de alguns estudiosos, como Todd Lubart (2007), o conceito de criatividade é amplo e apresenta diferentes abordagens. Normalmente associamos a criatividade às artes em geral, mas segundo alguns teóricos, como Betty Edwards (1984), ela pode ser percebida, estimulada e desenvolvida em profissionais dos mais variados ramos e atividades. Podemos dizer que a criatividade, necessária em todas as áreas, seja no âmbito acadêmico, seja no profissional, nada mais é do que a capacidade de o sujeito criar novas soluções para antigos problemas. Assim, surge a premissa de que o indivíduo criativo é aquele que propõe a resolução de um problema de modo inusitado e inovador.

Usualmente, a criatividade é explorada nas artes em geral, na arquitetura, no *design* ou nas artes visuais. Está muito ligada à liberdade de expressão do sujeito, que vê o mundo sob um viés muito particular e produz objetos e conceitos diferenciados.

Cabe mencionarmos a obra do *designer*, diretor de arte, ilustrador e educador brasileiro Rico Lins, que já produziu vários trabalhos, entre eles a capa da Revista Bravo, em 1996; o cartaz de divulgação da XXI Bienal Internacional de São Paulo, em 1991; e o catálogo da coleção primavera-verão 1997-1998 da grife de roupas brasileira Zoomp (Figura 5.1). É importante salientar que esses trabalhos foram premiados e ganharam reconhecimento dos profissionais especializados na área (Lins, 2010).

Lins (2010, p. 10) ressalta a importância do processo criativo em sua produção:

> Do ponto de vista criativo, sempre me intrigou a ideia do design gráfico como "obra única reproduzida em série". Tal proposta revela a ambiguidade central do trabalho de criação gráfica, sua efemeridade, sua existência limitada por sua condição essencialmente utilitária, reprodutível e descartável. Por outro lado, ela funciona também como um termômetro permanente de seu tempo.

Outra característica importante de sua produção é o diálogo que Lins estabelece com outras áreas, principalmente as artes de modo geral. Isso faz com que seu trabalho ganhe novos repertórios e se renove constantemente, característica que o torna ainda mais criativo. Nesse sentido, o crítico, curador e professor Agnaldo Farias, citado por Lins (2010, p. 3), salienta que

> A obra gráfica de Rico Lins demonstra como são imprecisos os limites entre a arte e o design. Mais ainda: arte e vida. Mas comecemos pela arte, aqui compreendida

no sentido amplo, sem se restringir às artes plásticas, mas desbordando para a música, dança, arquitetura, fotografia, moda, poesia... e, separava as formas de expressão cultas, forjadas nas academias, das formas populares, nascidas de inteligências tão potentes que, como é frequente em nosso país, vingam em territórios inóspitos, áridos e violentos.

Betty Edwards, em seu livro *Desenhando com o lado direito do cérebro* (1984, p. 38), afirma que o sujeito "criativo percebe intuitivamente possibilidades de transformar dados comuns em uma nova criação que transcende a mera matéria-prima". Além do caráter intuitivo, o indivíduo considerado criativo dedica tempo para estudar e pesquisar acerca de sua área de interesse, afim de se aprofundar e experimentar, para ter a possibilidade de inovar. No caso de Lins, percebemos que as fronteiras entre o *design* e as artes em geral são quase imperceptíveis, muitas vezes até inexistentes, já que incorporou as artes visuais, a música, a dança e outras linguagens como fontes de inspiração e elementos propulsores para o desenvolvimento de seu processo criativo.

Figura 5.1 – *Almanaque dos sentidos*, catálogo da grife Zoomp

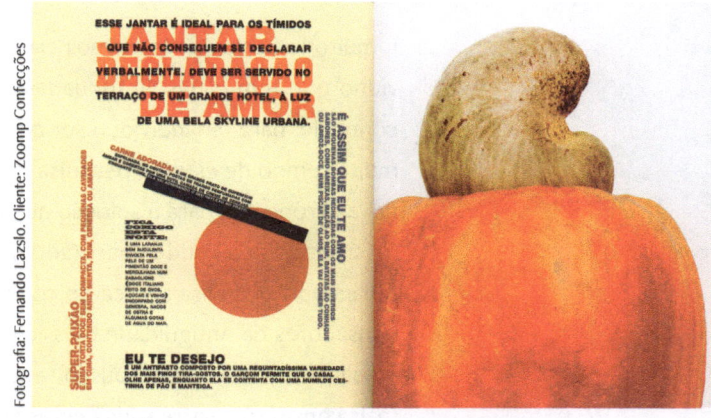

Fotografia: Fernando Lazslo. Cliente: Zoomp Confecções

LINS, R. **Almanaque dos sentidos**. 1997. Projeto. Design e direção de arte: Rico Lins. Disponível em: <http://www.ricolins.com/projetos/almanaque-dos-sentidos>. Acesso em: 24 fev. 2016.

5.1.1 Aspectos conceituais sobre o processo criativo

É muito importante deixarmos claro que a criatividade não está relacionada com o indivíduo que tem ideias "infundadas", que surgem somente de sua intuição. Muito pelo contrário, para um indivíduo ser considerado criativo nas diversas áreas, precisa dedicar muito tempo de estudo, pesquisa e experimentação para conseguir se sobressair e criar novas propostas para a solução de problemas.

O estudioso Todd Lubart (2007), em seu livro intitulado *Psicologia da criatividade*, faz uma ampla pesquisa acerca do conceito de criatividade, com estudos que vão desde os pensadores da Antiguidade Clássica, como Platão e Aristóteles, até os pesquisadores da atualidade. Lubart (2007) buscou encontrar uma definição que chegasse a um meio-termo mais consensual entre todos esses autores. E, nesse sentido, ele afirma que o ato de criação envolve um trabalho "árduo e intencional" e que o processo de produção é um dos quesitos que devem ser observados, já que as obras criadas ao acaso ou por intermédio de outras pessoas não podem ser consideradas criativas, mesmo que tenham algo de original.

Com essa reflexão de Lubart, constatamos que o desenvolvimento da criatividade no sujeito é um caminho árduo e que exige muita dedicação. Em se tratando do desenho, esse aprendizado pode levar alguns anos de treino do olhar e da mão, assim como o apoio de mestres dedicados a ensinar não somente as técnicas, mas a olhar o mundo ao redor.

Nesse sentido, podemos recorrer à citação de Edwards (1984, p. 12), que faz uma reflexão bastante poética acerca do ensinar a desenhar:

> Sob muitos aspectos, ensinar a desenhar é como ensinar alguém a andar de bicicleta. É muito difícil explicar em palavras. Quem se proponha a ensinar uma pessoa a andar de bicicleta poderá dizer: "Bem, o que você tem a fazer é montar a bicicleta, empurrar os pedais com os pés, equilibrar-se e sair andando". É claro que isto não explica

> tudo, e é provável que o mestre termine dizendo: "Vou fazer uma demonstração. Deixe-me montar a bicicleta, e você preste atenção no que eu faço".

Edwards (1984) faz uma bela analogia com o ato de andar de bicicleta, que reflete o ensinar arte a alguém: nas artes visuais, só se ensina fazendo, só se ensina na prática. Essa prática pode ser aprendida e apreendida. Aprendemos a ver e a pensar o mundo a nossa volta. Desse modo, com as premissas de Lubart e Edwards, constatamos que a criatividade só aflora no indivíduo que mergulha na pesquisa e na experimentação; que somente depois de um trabalho árduo é que se pode viabilizar processos criativos em qualquer área de atuação.

A seguir destacamos um trecho do capítulo do livro intitulado *Psicologia da criatividade*, de Todd Lubart, que traz uma descrição detalhada acerca do conceito de criatividade no decorrer dos tempos, do período grego até os dias de hoje.

História do conceito de criatividade da Grécia Antiga à nossa época

Conforme certos textos gregos e judaico-cristãos antigos, o espírito era constituído de duas câmaras: uma câmara representando um receptáculo que uma divindade preenchia de inspiração, e outra câmara sendo dedicada à expressão desta inspiração. Platão dizia que um poeta não pode criar sem que a musa lhe inspire e deseje. O poeta, indivíduo extraordinário porque foi escolhido pelos deuses, exprime as ideias criativas que ele recebeu. Hesióde, evocando este mesmo conceito, relatou como as filhas de Zeus tomaram um ramo e, oferecendo-lhe, lhe insuflaram a canção divina, que permitiu a ele revelar a glória dos deuses (Dacey e Lennon, 1998).

Dentro das narrativas introspectivas dos artistas e escritores mais contemporâneos, reencontra-se esta mesma ideia. Por exemplo, Beethoven explicava que, quando compunha, estava sob influência de um "espírito" que lhe ditava a música. Rudyard Kipling (1937/1985), o escritor inglês, falava de um demônio familiar que vivia na sua caneta [....].

Em uma abordagem mística, a inspiração é frequentemente associada ao estado irracional de euforia, quase mania. Uma outra denominação sobre a criatividade apareceu quando Aristóteles desenvolveu a ideia segundo a qual a inspiração tem suas origens no interior do indivíduo, dentro do encadeamento de suas associações mentais, e não em intervenções divinas. Mais tarde, devido às pressões políticas e religiosas do Império Romano, seguidas do estabelecimento de um sistema feudal e à influência crescente da Igreja dentro da sociedade, a criatividade no mundo ocidental, assim como em todo o campo do pensamento referente a ela, recebeu menos atenção. Durante o Renascimento, a criatividade passou a ser novamente motivo de discussão, nesse período, de retorno aos valores da civilização grega, houve uma renovação pelo interesse das expressões artísticas literárias, filosóficas e científicas (Albert e Runco, 1999).

Durante o século XVIII surgiram os debates filosóficos sobre o gênio e, em particular, sobre os fundamentos do gênio criativo. Duff (1967), citado em Becker (1995), diferenciou o gênio criativo de talento, este último implicando em um nível de *performance* superior, mas não necessitando de um pensamento original. Conforme ele, o gênio criativo resultaria de uma capacidade inata de utilizar a imaginação associativa, o que lhe permitiria combinar as ideias, o julgamento e a evolução do que foi produzido, assim como os valores estéticos que guiam a investigação. A ideia, então, surge progressivamente; de acordo com ela, a criatividade seria uma forma excepcional de genialidade, diferente de talento, e determinada por fatores genéticos e condições ambientais (Albert e Runco, 1999). Sendo assim, o conceito sobrenatural da criatividade havia desaparecido.

No decorrer do século XIX, obervamos que muitos autores sustentaram a ideia de um gênio criativo descansando sobre um nível excepcional de originalidade que depende da capacidade de associar as ideias [...].

Fonte: Lubart, 2007, p. 14

5.1.2 Alguns autores que refletem sobre o processo de criação

O grande prazer de desenhar e pintar está em poder interpretar ideias plasticamente, mesmo que não haja [a] intenção de criar uma grande arte. Não importa o nível das ideias ou da realização, porque qualquer ideia e toda e qualquer solução são frutos de uma experiência particular, quando autêntica, e o autor da ideia percebe isso. Ele percebe que somente ele poderia ter criado a obra. Essa sensação de liberdade proporciona enorme prazer. (Hallawell, 1994, p. 51)

No que diz respeito ao processo de criação na área das artes visuais, podemos mencionar novamente o poeta e pensador francês Paul Valéry, que trouxe o conceito de poética, da área da literatura, para as artes em geral. No livro intitulado *Variedades*, Valéry (1999) escreveu o capítulo "Primeira aula do curso de poética", que, como o próprio nome diz, trata-se de uma aula inaugural, realizada no Collège de France, em 1937. Durante essa aula, o autor faz uma breve explanação sobre o que seria a poética e, entre outras coisas, informa que essa palavra originou-se do termo *poesis*, que vem do grego *pöiein* e que significa "fazer". Se a raiz conceitual da palavra está relacionada com o fazer, então, parte-se do pressuposto de que o processo de criação do artista vem do seu fazer, do fazer artístico. Desse modo, o objeto artístico final integra e constitui todo o seu processo de pesquisa, muitas vezes, de toda uma vida, e que Valéry (1999, p. 81) intitula de *obras do espírito*:

> O fazer, o *pöiein*, do qual desejo me ocupar, é aquele que termina em alguma obra e que eu acabarei restringindo, em breve, a esse gênero de obras que se convencionou chamar de *obras do espírito*. São aquelas que o espírito quer fazer para seu próprio uso, empregando para esse fim todos os meios físicos que possam lhe servir.

Nesse sentido, *poética* remete ao processo de construção do pensamento do artista, que resulta (ou não) em uma obra de arte. Desse modo, pode acontecer de o próprio processo de execução do trabalho constituir a obra do artista, que, segundo Valéry (1999, p. 181), tem mais relação com "a ação que faz do que a coisa feita". Dizemos que esse é o momento em que a obra está em construção.

E, assim como Valéry nomeia o trabalho artístico como *obras do espírito*, Marcel Duchamp[1] relata que, durante o processo de criação, o artista torna-se uma espécie de ser mediúnico, transitando entre os estados da consciência e da intuição. Ele diz:

> Ao darmos ao artista os atributos de médium, temos de negar-lhe um estado de consciência no plano estético sobre o que está fazendo, ou por que o está fazendo. Todas as decisões relativas à execução artística de seu trabalho permanecem no domínio da pura intuição e não podem ser objetivadas numa autoanálise, falada ou escrita, ou mesmo pensada. (Duchamp, 1986, p. 72)

Por outro lado, Duchamp (1986) afirma que o artista só materializa uma ideia se dispender de tempo e energia para efetivar tal empreitada. O autor complementa:

> No ato criador, o artista passa da intenção à realização, através de uma cadeia de reações totalmente subjetivas. Sua luta pela realização é uma série de esforços, sofrimento, satisfações, recusas, decisões que também não podem e não devem ser totalmente conscientes, pelo menos no plano estético. (Duchamp, 1986, p. 73).

---

[1] Conforme explicamos no capítulo anterior, Marcel Duchamp é um artista visual francês conhecido por seus *ready-mades*. Ele escreveu um ensaio intitulado "O ato criador" para o livro organizado por Gregory Battcock (1986), *A nova arte*. Para saber mais sobre os *ready-mades* de Duchamp, acesse a Enciclopédia Itaú Cultural (2016j).

Duchamp ainda afirma que a obra finalizada é o resultado da intenção (aquilo que se quis fazer) com sua realização (aquilo que resultou), e nomeia esse processo de *coeficiente artístico* (Duchamp, 1986). Para o autor,

> na cadeia de reações que acompanham o ato criador falta um elo. Esta falha que representa a inabilidade do artista em expressar integralmente a sua intenção; esta diferença entre o que quis realizar e o que na verdade realizou é o "coeficiente artístico" pessoal contido na sua obra de arte. (Duchamp, 1986, p. 73)

O autor ressalta que, durante o ato criador, esse coeficiente artístico pode ser comparado a "uma relação aritmética entre o que permanece inexpresso embora intencionado, e o que é expresso não intencionalmente" (Duchamp, 1986, p. 73). E, para finalizar esse processo de criação, Duchamp enfatiza que o artista não realiza tal operação sozinho, já que a obra só se efetiva em sua relação com o mundo, quando o espectador interage (ou não) com sua produção artística.

Sobre essa relação entre obra e público, Valéry (1999, p. 131) conclui afirmando que

> O que fica de um homem é o que o seu nome e as obras que fazem desse nome um sinal de admiração, de raiva ou de indiferença provocam na imaginação. Pensamos o que ele pensou e podemos encontrar entre suas obras esse pensamento que lhe vem de nós: podemos refazer esse pensamento à imagem do nosso.

Enfim, ao visitarmos a exposição de um artista, nos conectamos com suas obras e estabelecemos um diálogo no qual buscamos compreender as intenções propostas nos trabalhos – contestação política, abordagem social, reflexão filósofica, ou de outras questões –, que direta ou indiretamente tratam de temáticas que refletem a própria vida humana.

Salles (2010, p. 26) afirma que o processo de criação acontece em razão de uma série de conexões que interagem entre si e "nos modos como se dá a percepção do artista, nas estratégias da memória, nos procedimentos artísticos agindo sobre as matérias-primas e na força da imaginação". Desse modo, a autora afirma que a criação está intimamente relacionada com a subjetividade do artista (percepção, memória e imaginação) e com sua capacidade de transformação (procedimentos artísticos) da matéria-prima em obra de arte (Salles, 2010).

Salles (2010) pesquisou o processo de construção da obra do artista visual brasileiro Evandro Carlos Jardim[2] com a análise de seus cadernos de desenhos (esboços) e de suas gravuras. A autora constatou que o processo de criação do artista pode se construir com base em uma série de esboços, ideias e devaneios que são registrados em sua memória e em seus escritos. Em dado momento, esse material imagético vem à tona e reaparece nas obras de arte de Jardim.

> Neste ponto de nosso estudo, sugerimos que você faça uma pesquisa para conhecer obras em que devaneios e materiais imagéticos são plasmados em produções artísticas. Você pode encontrá-las entre as obras de Evandro Carlos Jardim disponíveis no *site* da Pinacoteca do Estado de São Paulo:
>
> PINA_. **Acervo artístico**: Evandro Carlos Jardim. Disponível em: <http://www.pinacoteca.org.br/pinacoteca-pt/default.aspx?mn=545&c=acervo&letra=E&cd=2478>. Acesso em: 15 jun. 2016.
>
> No *site*, veja o exemplo da obra *O cavalo morto está só*. Trata-se de uma gravura em metal em que o cavalo e a chuva constituem elementos identificados por Salles nos cadernos de desenho de Jardim, esboçados. Perceba que, depois, se transformaram em matéria-prima para o trabalho do artista.

---

2 Para saber mais sobre a biografia e a obra do artista Evandro Carlos Jardim, consulte o texto da Enciclopédia Itaú Cultural (2016e).

Salles (2010, p. 41) complementa:

> O seu processo de criação caracteriza-se por imagens que aparecem em um determinado momento, de um modo, e vão sendo retrabalhadas ao longo do tempo. Um cavalo que surge no caderno, em uma determinada posição, pode reaparecer em gravuras ou em outro momento do caderno, em posição diferente ou, ainda, ganhando uma chuva mais ou menos espessa. Uma estrela, um dia registrada pelo vão da janela, pode ressurgir acompanhando a solidão de um poste. Uma borboleta, em determinado desenho, abre suas asas e, em outro, as fecha.

No texto intitulado "Desenhos da criação", Salles (2007) afirma que o desenho é uma das ferramentas que acompanha o processo criativo não somente dos artistas, mas também de outros profissionais. A autora intitula esses esboços como uma espécie de "anotações visuais", que, segundo ela "cumprem diferentes funções e exibem grande potencial criador." (Salles, 2007, p. 35). São representações gráficas que se mostram como um meio possível de o artista armazenar reflexões, dúvidas, problemas ou possíveis soluções. Desse modo, constatamos uma íntima relação entre o desenho e o processo criativo, assunto que será discutido na próxima seção.

A seguir, destacamos um trecho do artigo intitulado "Hélio Oiticica. A criação e o comum", de Tania Rivera, que foi publicado na Revista *Viso*, no ano de 2009. Um dos capítulos do artigo traz uma abordagem etimológica e histórica acerca do termo *criação* e da criação nas artes visuais.

A criação e sua excentricidade

A etimologia do termo **criação** indica o significado de **produzir, fazer crescer, impelir** [**creare**], e também **brotar, crescer** [**crescere**], logo **chegar à existência, nascer**. [...]

Foi a linguagem empregada pela Igreja que se valeu do verbo criar com o sentido religioso de **fazer nascer do nada**, atributo exclusivo de Deus, o Criador. [...]

Sabemos que apenas com o Renascimento [...] o artista se individualiza e emancipa do poder divino, deixando de ser um mero portador deste, é sob o modelo divino da criação ex-nihilo que seu mister parece ser reconhecido. O artista cria: ele traz ao mundo algo que, por mais que tenha a mímesis como eixo organizador, é um objeto sem igual no mundo. [...]

Grosso modo, pode-se dizer que durante toda a época moderna o ideal da criação como atributo do artista se mantém quase intacto, acentuando-se contudo em direção a um individualismo mais marcado. [...] O artista não é mais um criador a partir do nada – ele não faz nascer um objeto propriamente novo, mas rearranja os objetos corriqueiros do mundo e os nomeia como arte.

Tal nomeação simbólica traz insuspeitados ecos do curioso emprego que toma o termo criar no século XIV: aquele que denota **instituir, nomear (alguém) para uma função**, como a de papa ou cônsul. [...]

Com esta nomeação, esta apropriação que institui simbolicamente um objeto no campo da arte, chegamos perto do que Walter Benjamin concebe como o artista moderno: o trapeiro, o catador de lixo que recolhe os dejetos, a escória da sociedade e os reapresenta, renomeados e portanto instituídos no seio de um campo simbólico especial, o da arte. Poderia este artista-catador ser ainda caracterizado como um "criador"?

Fonte: Rivera, 2009, p. 3-5, grifo do original.

5.2 A relação entre o desenho e o processo criativo

Como comentamos no final da seção anterior, o processo criativo está intimamente relacionado com a linguagem do desenho, sendo ele utilizado como esboço para um projeto ou como trabalho artístico. Como vimos, em se tratando de instalações complexas, o desenho pode ser uma ferramenta importante para explicitar as intenções do artista, que, muitas vezes, precisará de profissionais de outras áreas para construir seu trabalho.

Leonardo da Vinci é o primeiro artista de que nos lembramos quando nos referimos ao uso do esboço como forma de materializar ideias e projetos. Esse artista renascentista utilizava o esboço como desenho preparatório para pinturas, estudos de luz e sombra, estudos de anatomia e invenções (maquinários). Valéry (1999) reforça o espírito inquieto e incansável de Da Vinci, que utilizou o desenho e todos os meios materiais para comprovar suas ideias de que a teoria e a prática eram indissociáveis.

Na contemporaneidade, os projetos gráficos dos artistas podem ser considerados obras de arte e são expostos como tal. Dessa maneira, não se dissimula o processo de execução da obra; muito pelo contrário, ele é revelado por meio de fotografias e vídeos, mesmo que esse processo não seja comentado pelo artista. Salles (2007) intitula os esboços como *desenhos de criação visual* e salienta que eles podem ser exibidos ao público em uma exposição, como é o caso da retrospectiva de um grande artista. Em uma tela, também, podemos visualizar esboços que foram rejeitados e durante o processo de feitura foram encobertos por outros desenhos.

Não pressupomos mais que um crítico de arte ou curador discorra sobre a obra de um artista. Atualmente, o artista relata acerca de seu processo de concepção e construção imagética. Segundo Salles (citado por Derdyk, 2007, p. 42),

> Algo é certo: o esboço é plasticamente atraente. Sua fragilidade, concisão e proximidade do momento da criação despertam muito interesse. Tudo isso gera o fetiche que sempre envolve esses traços precários de um pensamento em criação e, principalmente, a proximidade da mão, da intimidade do artista. É grande o número de mostras que incluem os trabalhos gráficos de artistas que não se expressam publicamente por meio de desenhos.

Quando pesquisamos sobre a poética de um artista, nos atentamos para suas ideias acerca de determinado trabalho, para sua visão sobre o mundo e a arte. Nesse ponto, o desenho assume papel fundamental, já que ele vem acompanhando os artistas desde o período renascentista até os dias de hoje. Atualmente, temos acesso a inúmeros documentos iconográficos deixados por Leonardo da Vinci que se tornaram uma preciosidade, pois com esses esboços conseguimos compreender e vislumbrar o pensamento de uma das personalidades mais brilhantes da história da arte. Constatamos que o desenho acompanhava esse artista como uma extensão de sua mão e de suas ideias, seja por meio de invenções, seja por pesquisas relacionadas à pintura, viabilizando muitos de seus projetos ou deixando-os para a posteridade.

Podemos mencionar também o artista visual brasileiro Hélio Oiticica[3], que, no seu livro *Aspiro ao grande labirinto*, descreveu suas ideias, apontou as questões que permeavam seus trabalhos e mostrou como sua obra se relacionava com outras produções da época. Além dos escritos, ele mantinha esboços para a elaboração de todos os seus trabalhos, e aqui o desenho novamente se confirma como uma extensão das ideias do artista.

---

3 Para saber mais sobre esse artista, acesse a Enciclopédia Itaú Cultural (2016g).

No texto *Desenhos da criação*, Salles (2007) reuniu alguns relatos de artistas e profissionais de áreas afins, que comentam sobre a importância do desenho (esboço) durante seu processo de criação. Leia alguns trechos:

> "O desenho é ágil, diz **Louise Bourgeois**: 'tem leveza plumária. Algumas vezes você pensa alguma coisa e é tão frágil e fugaz que você não tem tempo de anotar no diário. Tudo é transitório mas o seu desenho serve de lembrete; senão seria esquecido'" (Salles, 2007, p. 36, grifos nossos).
>
> **Paul Klee** "fala do desenho sob a perspectiva da luz: 'O trabalho gráfico é essencialmente diferente do trabalho com tonalidades e cores – desenho pode ser praticado no escuro da noite mais escura e cor pressupõe luz'" (Salles, 2007, p. 36).
>
> O cineasta russo **Sergei Eisenstein** "discute a possibilidade que o desenho oferece de dar concretude a uma imaginação em processo de desenvolvimento. Sem a visão concreta dos fatos e dos gestos e da disposição espacial, torna-se impossível anotar o comportamento dos personagens. Fazemos os personagens evoluir interminavelmente; não é uma ilustração do roteiro. Às vezes a cena que vai filmar não terá, em aparência, nada em comum com o desenho" (Salles, 2007, p. 36).
>
> **Mário de Andrade** "diz que o que lhe agrada na tão completa natureza do desenho é seu caráter infinitamente sutil de ser ao mesmo tempo uma transitoriedade e uma sabedoria" (Salles, 2007, p. 35).
>
> O escultor **Henry Moore** "discute as dificuldades envolvidas na passagem do desenho para a escultura, ao dizer que usa o desenho como método de estudo e observação de formas naturais (desenho ao vivo, desenhos de ossos, conchas, etc). Moore relata também que, por vezes, desenha apenas para a própria satisfação" (Salles, 2007, p. 38).

> As anotações de **Marcel Duchamp** "nos oferecem o desenho de criação em mais outra perspectiva. O artista começa o desenvolvimento da ideia de um moinho de água verbalmente e daí visualiza o desenho. Nesses casos, o desenho ilustra suas reflexões verbais, que, pela própria escolha de palavras, parecem não estar ainda muito claras" (Salles, 2007, p. 40).
>
> "Devemos ressaltar também a relação do desenho, muitas vezes, com a coleta que o artista faz do mundo à sua volta" (Salles, 2007, p. 40). Nesse sentido, "Hirzman fala dos desenhos de Arthur Luiz Piza como "uma narrativa visual do cotidiano" (Salles, 2007, p. 40).

Na contemporaneidade, tais esboços também constituem parte integrante do processo de trabalho dos artistas, fazendo com que eles compreendam as questões poéticas que envolvem seu trabalho e as conexões entre uma produção e outra.

5.2.1 O desenho como meio para explorar e desenvolver o processo criativo do aluno

> *Ter ideias, concebê-las, depende de uma atitude crítica em relação à realidade que nos cerca. Quanto mais se pensa a respeito da realidade, quanto mais se observa o mundo, mais ideias aparecem. [...] No entanto, esse é um processo longo. É preciso desenhar muito, experimentar técnicas e linguagens diferentes, até "se encontrar".* (Hallawell, 1994, p. 52)

Hallawell (1994) enfatiza que, em sua prática docente, percebeu que seus alunos de desenho tornavam-se mais "críticos à sua realidade, mais sensíveis e mais criativos", assim como seus laços familiares eram mais enriquecedores. Desse modo, o autor constatou que o desenho "é um instrumento educacional muito rico, com uma abrangência muito maior do que pensava" (Hallawell, 1994, p. 10).

As Diretrizes Curriculares Nacionais da Educação Básica (Brasil, 2013) discutem a necessidade de a escola "reinventar-se" para "priorizar processos" que viabilizem a geração de "sujeitos inventivos", dispostos a se integrarem nos diversos contextos, como o social, o político, o laboral e o cultural. Desse modo, a escola enfrenta esse desafio, já que "os rituais escolares são invenções de um determinado contexto sociocultural em movimento" (Brasil, 2013, p. 152). Com esse documento, verificamos que a arte constitui-se como um dos elementos fundamentais na formação do aluno e é um dos alicerces responsáveis para a constituição desse "sujeito inventivo".

Nesse sentido, podemos aproximar o processo de criação dos artistas com as aulas de Arte, já que o professor tem a oportunidade de integrar esse processo no desenvolvimento dos trabalhos dos seus alunos, não com a intenção de formar artistas, mas como elemento que compõe todas as fases de construção do objeto artístico. A esse respeito, os alunos partem de uma ideia inicial, fazem algumas especulações sobre como materializá-la, pesquisam materiais viáveis para o projeto, elaboram seus trabalhos, discutem com o professor e os colegas sobre o andamento da obra e relacionam seus trabalhos com a história da arte, até concluírem suas produções. O aluno participa efetivamente de todas as etapas desse processo, compreende que o trabalho de criação é um momento que exige muita dedicação, pesquisa e persistência para chegar até a finalização da obra.

O processo de construção do saber artístico que se desenvolve gradativamente tem como influência a escola, a família, o bairro onde mora, o grupo de amigos etc. A internet contribui para a construção desse conhecimento, assim como a televisão, as revistas, os jornais etc. Muitos alunos têm o privilégio de frequentar museus, galerias, espaços culturais e teatros, entre outros espaços culturais. Assim, percebemos que a sala de aula é apenas um dos canais que viabilizam a arte para o aluno, e a junção de todas essas influências (escola, família, bairro, amigos etc.) é que integrará o saber dele. Além da vivência e do conhecimento sobre arte, temos a prática artística na qual alguns já desenvolvem (fora da escola) e outros nunca tiveram contato com tal experiência.

Na educação formal, pressupõem-se alguns conteúdos básicos no componente curricular, mas que devem ser integrados com toda a bagagem cultural previamente adquirida pelos alunos. Desse modo, o professor de Arte pode sugerir que os alunos adquiram um caderno de desenhos para registros de ideias e esboços, a ser usado durante as aulas ou fora delas. Nesse sentido, pede-se que os alunos tenham um olhar atento, conectando-se e relacionando-se com o mundo à sua volta, e até mesmo alavancando um trabalho artístico.

Dessa forma o aluno aproxima seu processo de criação do processo dos artistas visuais[4] e percebe que essas "representações gráficas" carregam seus pensamentos, dúvidas e estimulam seu perfil crítico-reflexivo sobre si mesmo e sobre o mundo que o cerca.

Outra consideração importante sobre o uso do caderno de desenho é que, durante as avaliações processuais, o aluno pode utilizar esse material para anotar suas observações acerca das etapas de desenvolvimento das atividades propostas em sala de aula[5].

Marilda Oliveira de Oliveira[6] (2011) apresenta uma sugestão para a prática docente: a adoção de um diário como um instrumento de reflexão acerca de sua própria atuação profissional. A autora defende que

> A função do diário de aula é a de investigar, apontar certos problemas que aparecem, apontar detalhes que servirão de base para criar hipóteses. Dar sentido aos nossos objetivos, elaborar perguntas, dúvidas que surgem no decorrer das práticas

---

4 Conforme comentamos na Seção 4.1, "O desenho como expressão artística bidimensional".

5 No Capítulo 6, trataremos sobre a avaliação em Arte.

6 Oliveira é docente no curso de licenciatura em Artes Visuais e nos cursos de mestrado e doutorado em Educação, da Universidade Federal de Santa Maria (UFSM).

em sala de aula. Um guia para reflexão das práticas realizadas dentro do ambiente escolar. (Oliveira, 2011, p. 996)

Desse modo, sugerir que os alunos utilizem um caderno de desenho como diário de bordo pode contribuir para que eles incorporem uma postura reflexiva e investigativa acerca de si mesmos e da sua produção em vários âmbitos (acadêmico, artístico etc.).

Síntese

Neste capítulo, você teve a oportunidade de conhecer o ponto de vista do teórico Tod Lubart sobre o conceito de criatividade e sua importância nas diferentes áreas de atuação, tanto artística quanto profissional.

Você também conheceu alguns termos utilizados para definirmos o processo de trabalho artístico, como a *poesis,* ou seja, a ideia por meio da qual o artista desenvolve sua produção pictórica nas mais diversas linguagens (desenho, pintura, escultura etc). Nesse ponto, o teórico que embasou nossa leitura foi Paul Valéry.

Finalmente, pudemos refletir sobre a importância de estimular e desenvolver a criatividade do aluno em sala de aula, mais especificamente nas aulas de Arte. Nesse sentido, constatamos que o professor tem papel fundamental como agente que estimula os alunos para o desenvolvimento de sua criatividade. Esta não se limita somente às aulas de Arte, pois é um elemento importante para todas as disciplinas e também para a futura vida profissional do aluno.

Indicação cultural

BRASIL. Ministério da Educação. Inovação e criatividade na educação básica. **O que é inovação e criatividade**. Disponível em: <http://criatividade.mec.gov.br/o-que-e-inovacao-e-criatividade>. Acesso em: 16 jun. 2016.

> Acesse o *site Inovação e criatividade na educação básica*, concebido pelo Ministério da Educação (MEC), que traz o Programa de Estímulo à Criatividade na Educação Básica e tem como objetivo estimular a inovação e a criatividade dos alunos desse período escolar e relacionar tais pressupostos às políticas públicas. Na página, você pode conhecer alguns grupos de trabalho e ter acesso a alguns documentos oficiais sobre o assunto.

Atividades de autoavaliação

1. Leia o texto a seguir sobre processo artístico e assinale a alternativa que cujos termos preenchem adequadamente as lacunas:

   O termo *poesis* vem do grego *pöien*, que significa "fazer". Com o passar do tempo, essa palavra sofreu alterações (assim como *poiética*, que é hoje definida como "poética"). Se a raiz conceitual da palavra está relacionada com o fazer, então, parte-se do pressuposto de que o _____ vem do fazer, ou seja, é anterior ao processo de feitura da obra. Nesse sentido, podemos afirmar que poética é o momento em que a obra está em construção e que pode ou não resultar o _____. Com base nessa reflexão, constatamos que o _____ integra e constitui todas etapas de pesquisa e _____ realizados pelo artista, e que o acompanha durante toda sua trajetória artística.

a) pensamento; processo de criação; objeto artístico; trabalho.
b) processo de criação; objeto artístico; trabalho; pensamento.
c) pensamento; objeto artístico; processo de criação; trabalho.
d) processo de criação; pensamento; processo de criação; trabalho.

2. No que diz respeito a criatividade, leia as afirmações a seguir e assinale (V) para verdadeiro e (F) para falso:

( ) O conceito de criatividade é muito amplo e tem diferentes abordagens sob o ponto de vista dos estudiosos sobre o assunto.
( ) Atualmente, a criatividade é necessária em todas as áreas, seja no âmbito acadêmico, seja no âmbito profissional.
( ) A criatividade está relacionada com a capacidade de o sujeito criar novas soluções para antigos problemas.
( ) Parte-se da premissa de que o indivíduo criativo é aquele que propõe a resolução de um problema de modo inusitado e inovador.

Assinale a alternativa que apresenta a sequência correta:

a) V, V, F, F.
b) V, V, V, V.
c) V, F, V, F.
d) F, V, V, F.

3. Betty Edwards e Todd Lubart são estudiosos que fazem uma reflexão acerca da criatividade. Nesse sentido, relacione cada um desses dois autores com suas respectivas afirmações acerca do que pensam sobre criatividade:
   a) Betty Edwards
   b) Todd Lubart
   ( ) O ato criativo envolve um trabalho árduo e intencional.
   ( ) O sujeito criativo tem a capacidade de transcender a mera matéria-prima.
   ( ) A natureza do processo de produção deve ser levada em conta para analisar se um trabalho reflete a criatividade de seu autor.
   ( ) O sujeito criativo tem uma percepção intuitiva em transformar dados comuns em uma nova criação.

4. Assinale a(s) alternativa(s) correta(s):
   a) o processo criativo está intimamente relacionado com a linguagem do desenho, que pode ser utilizado como esboço, ou finalizado para um projeto ou trabalho artístico.
   b) O desenho é usado para materializar as ideias do artista no papel ou no computador.
   c) O desenho pode ser uma ferramenta importante para materializar as intenções do artista, que nunca precisa da ajuda de profissionais de outras áreas para construir seu trabalho.
   d) Leonardo da Vinci é um dos artistas mais lembrados quando nos referimos ao uso do esboço como forma de materializar ideias e projetos.

5. Leia as afirmações a seguir e assinale (V) para verdadeiro e (F) para falso:
   ( ) Mesmo nos dias de hoje, os projetos gráficos dos artistas não são considerados obras de arte, nem expostos em museus e galerias com tal *status*.

( ) Atualmente, não se esconde o processo de execução da obra; muito pelo contrário, ele é mostrado por meio de fotografias e vídeos, mesmo que esse processo não seja comentado pelo artista.

( ) Na arte contemporânea, os processos de produção de uma obra são por vezes relatados pelo próprio artista.

( ) Quando se fala da poética do artista, trata-se das ideias que este tem sobre determinado trabalho artístico.

Atividades de aprendizagem

Questões para reflexão

1. A revista acadêmica *Palíndromo*, do Programa de Pós-graduação em Artes Visuais da Universidade do Estado de Santa Catarina (Udesc), traz publicações científicas inéditas de autores nacionais e internacionais que abordam temáticas relacionadas às artes visuais, como processos artísticos contemporâneos, ensino da arte e história e teoria da arte. Em se tratando de processo criativo, selecionamos um artigo da edição n. 8 dessa revista. Acesse e baixe o arquivo (PDF) no seguinte endereço:

   MOURA, M. Processos criativos em história em quadrinhos: descrição das interações entre roteirista, desenhistas e leitor. **Palíndromo**, Florianópolis, n. 8, p. 115-145, 2012. Disponível em: <http://www.revistas.udesc.br/index.php/palindromo/article/view/3457/2478>. Acesso em: 16 jun. 2016.

   Leia o artigo, relacione-o com o conteúdo abordado no livro e discuta com seus colegas sobre o conceito de criatividade e sua relação com as diversas áreas de atuação profissional.

2. Assista ao vídeo intitulado À *mão livre: processo criativo – 13* (indicado a seguir), de Phillip Halawell, autor que foi abordado neste e nos capítulos anteriores deste livro. Nesse vídeo, ele comenta as fases que envolvem o processo de criação, da concepção das ideias até o trabalho finalizado. Após assistir ao vídeo, reúna-se com seus colegas e discuta sobre cada uma das fases criativas e da importância delas na materialização da obra de arte.

HALLAWELL, P. **À mão livre**: processo criativo – 13. Disponível em: <https://www.youtube.com/watch?v=UZP1-OVLW2k>. Acesso em: 24 fev. 2016.

Atividade aplicada: prática

Para realizar esta atividade, leia o artigo sobre o processo criativo de Rico Lins (indicado a seguir) e, em seguida, siga as instruções.

RESING, D. S. **Rico Lins e a ressignificação da imagem gráfica**. Disponível em: <http://ppgav.ceart.udesc.br/revista/edicoes/8/artigo_daniela_souto.pdf>. Acesso em: 16 jun. 2016.

Faça uma pesquisa na internet (veja as indicações de *sites* a seguir) acerca das colagens dos artistas Kurt Schwitters (dadaísmo) e Robert Rauschenberg (expressionismo abstrato e *pop art*). Escolha uma obra de um deles e, na folha de papel Canson® (A3), faça uma colagem com o objetivo de ressignificar o trabalho do artista. A colagem pode ser retirada de revistas, de *flyers*, de jornais etc. Você também pode utilizar recursos gráficos sobre a colagem, tais como nanquim, caneta esferográfica etc. Depois de realizada a colagem, apresente-a para seus colegas e discuta com eles como foi o processo: a escolha da obra ressignificada, a feitura da colagem e, finalmente, o resultado final.

Pesquise as obras de Schwitters nos seguintes endereços:

GUGGENHEIM MUSEUM. **Kurt Schwitters**. Disponível em: <https://www.guggenheim.org/artwork/artist/kurt-schwitters>. Acesso em: 16 jun. 2016.

KURT UND ERNST SCHWITTERS STIFTUNG. **Kurt Schwitters**. Disponível em: <http://www.schwitters-stiftung.de/english/bio-ks.html>. Acesso em: 16 jun. 2016.

MUSEUM OF MODERN ART. **Kurt Schwitters**. Disponível em: <http://www.moma.org/collection/artists/5293>. Acesso em: 16 jun. 2016.

TATE. **Kurt Schwitters**. Disponível em: <http://www.tate.org.uk/art/artists/kurt-schwitters-1912>. Acesso em: 16 jun. 2016.

Pesquise as obras de Rauschenberg nos seguintes endereços:

GAGOSIAN GALLERY. **Robert Rauschenberg**. Disponível em: <https://www.guggenheim.org/artwork/artist/robert-rauschenberg>. Acesso em: 16 jun. 2016.

GUGGENHEIM MUSEUM. **Robert Rauschenberg**. Disponível em: <http://www.guggenheim.org/new-york/collections/collection-online/artists/bios/1396>. Acesso em: 16 jun. 2016.

MOMA – Museum of Modern Art. **Robert Rauschenberg**. Disponível em: <http://www.moma.org/collection/artists/4823>. Acesso em: 16 jun. 2016.

TATE. **Robert Rauschenberg**.Disponível em: <http://www.tate.org.uk/art/artists/robert-rauschenberg-1815>. Acesso em: 16 jun. 2016.

6

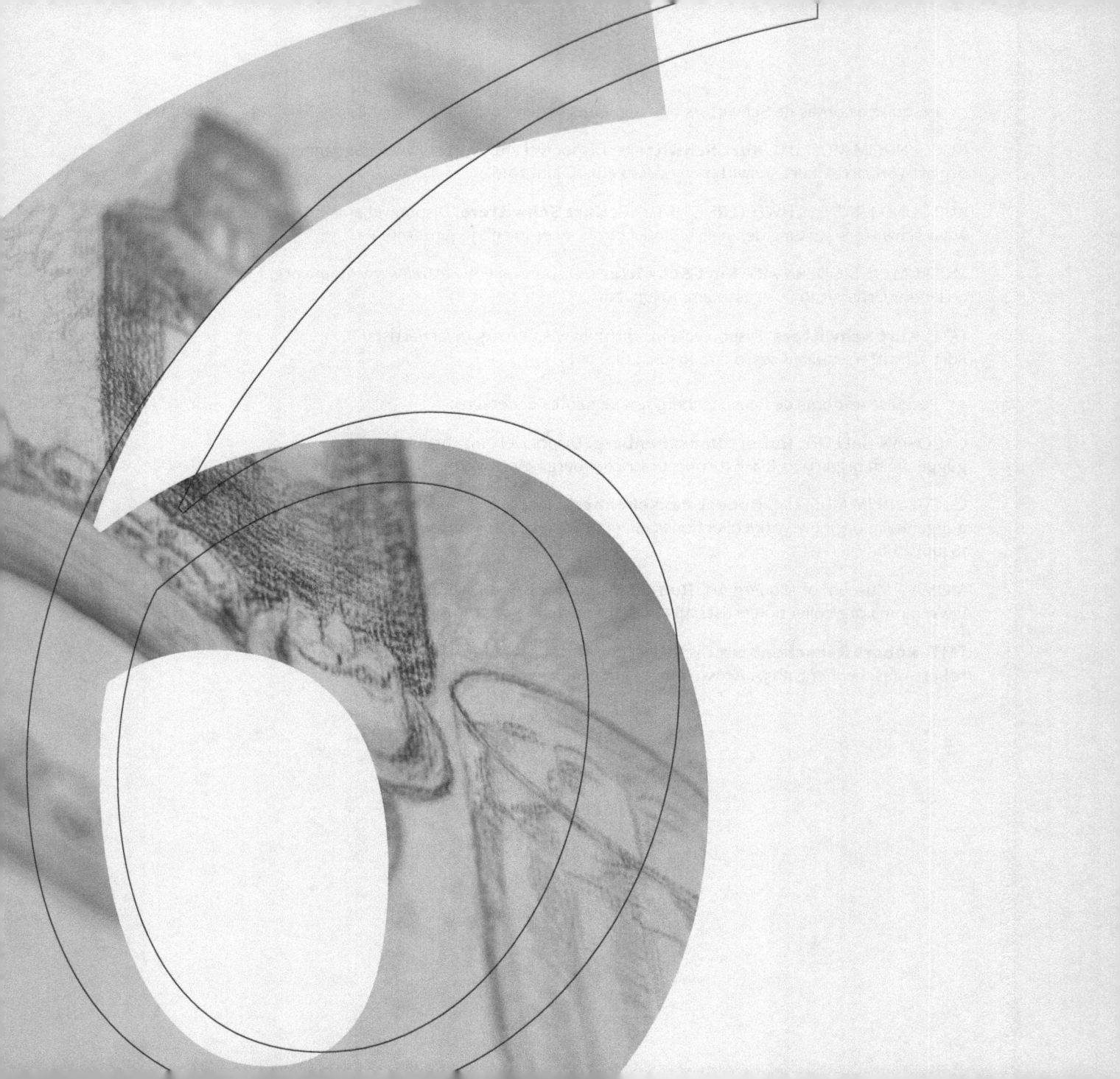

O desenho e a educação

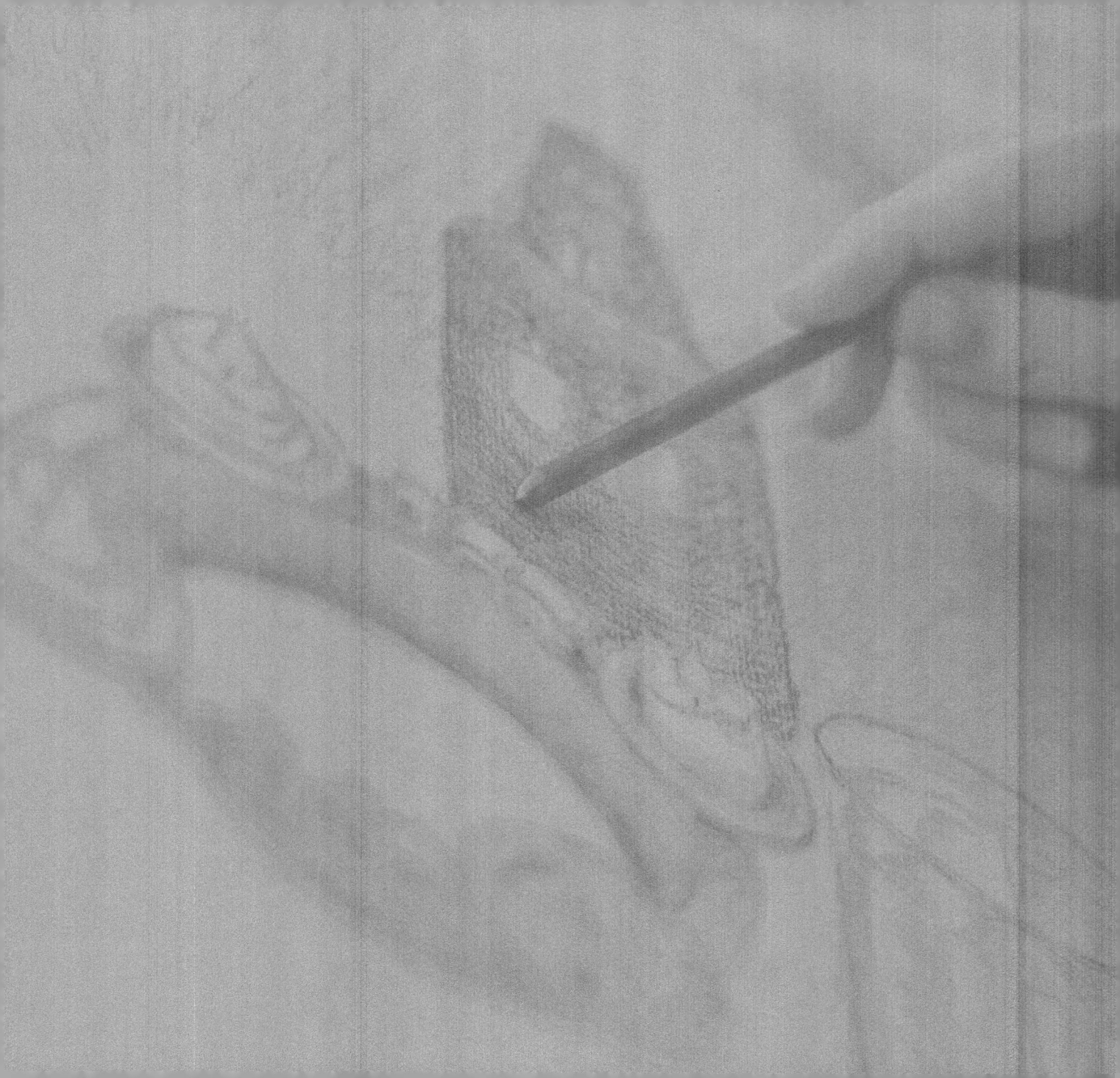

Neste capítulo, discutiremos o contato da criança com a linguagem do desenho como meio de se comunicar com o mundo à sua volta, pois o desenho revela o modo como ela percebe e apreende seu entorno. Faremos uma breve análise crítica do uso adequado dessa linguagem em sala de aula, no que diz respeito ao desenho estereotipado e à aplicação indiscriminada do desenho livre. Além disso, vermos como se dá tal desenvolvimento e como ele deve ser explorado por pais e professores a fim de estimular a criança/aluno.

6.1 O desenho e a criança

A criança estabelece uma íntima relação com o desenho durante seu desenvolvimento, já que, antes mesmo de ingressar na fase escolar, ela demonstra interesse em explorar os materiais (lápis, caneta, canetinha, lápis de cor, giz de cera, entre outros) e se expressar mediante esse meio gráfico.

Segundo Marília Ramos de Etchepare, no livro intitulado *Desenho: um instrumento de trabalho*, "desenho sempre fez parte do homem e, através do grafismo, ele sempre conseguiu expressar suas necessidades, seus conhecimentos" (Etchepare, 2004, p. 25). A autora menciona pesquisas com estudos aprofundados e de caráter científico sobre o desenho: segundo ela, no ano de 1887, o italiano Ricci pesquisou "a evolução da figura humana [no desenho] feito por crianças". Seu "objetivo era entender a arte primitiva destas criaturas, os aspectos estéticos e a cor usada em seus desenhos. Não tinha ainda a pretensão de relacioná-lo com o emocional" (Etchepare, 2004, p. 25).

O desenho é uma linguagem que raramente encontra resistência em sala de aula. As crianças querem rabiscar sobre o papel apenas pela curiosidade de descobrir a cor dos materiais ou realmente se expressar e se comunicar com o mundo à sua volta.

Etchepare (2004, p. 42) afirma que,

> No desenho, a pessoa se expressa de forma concreta, primitiva em nível motor. A expressão oral bloqueia mais o sujeito do que a expressão motora, embora não se dê conta de que através de seu grafismo ele irá revelar muito mais do seu inconsciente do que se estivesse falando. Controlamos nossa fala, nossa expressão física, mas perdemos o controle quando desenhamos. Enquanto situação de desenho, o sujeito não sente a ameaça do mundo externo, pelo contrário, esquece-o e se volta para o seu mundo interno, deixando fluir conflitos, traumas, angústias e ansiedades através de seu movimento motor, de seu grafismo.

Então, o desenho vem acompanhado da narrativa da criança, que conta uma história sobre os elementos retratados: é o desenho de seu cachorro dormindo ou passeando, é o desenho de seus familiares num momento de lazer no final de semana, é o personagem de um desenho animado retratado sobre o papel.

Etchepare (2004, p. 43) relata ainda que

> Di Leo (1985) diz que crianças que já falam provavelmente falarão ao desenhar. Seus comentários devem ser levados em consideração, na medida em que podem esclarecer o que talvez não seja uma evidência clara e visível. Apesar das reservas que se possa ter acerca da relevância dos comentários verbais das crianças pequenas, elas devem ser encorajadas a falar [...]. Para ele, as crianças em idade escolar podem contribuir para a interpretação de seu desenho, fornecendo associações bastante significativas. O desenho é uma expressão pessoal, assim como o seu significado.

6.1.1 O desenvolvimento do desenho na criança

A criança rabisca pelo prazer de rabiscar, de gesticular, de se afirmar. O grafismo que daí surge é essencialmente motor, orgânico, biológico, rítmico. (Derdyk, 1994, p. 56)

O desenho pode ser um elemento de grande importância para se compreender o desenvolvimento motor, intelectual e afetivo da criança, que depende de aspectos fisiológicos e neurológicos, mas também do meio (familiar e escolar) que a estimula ou não durante esse processo.

Derdyk (1994), em seu livro intitulado *Formas de pensar o desenho*, dedica grande parte de sua pesquisa para o desenvolvimento do grafismo infantil, analisando desenhos realizados por crianças nas diversas fases, dos dezoito meses até mais ou menos os sete anos de idade. Derdyk faz comparação dos desenhos infantis com a produção de alguns dos principais artistas da história da arte, como Picasso e Van Gogh. Ela também faz uma análise aprofundada acerca do desenvolvimento do desenho infantil e relata que a criança está em constante movimento e que, ao mesmo tempo que desenha, ela canta, dança, conta histórias, enfim, age espontaneamente. Nessa ocasião, o ato de desenhar serve como uma alavanca para outras manifestações, além de despertar seu imaginário e espírito criativo. Outra questão importante é observarmos o interesse das crianças quando têm em mãos uma caneta ou um lápis de cor. Elas imediatamente querem rabiscar, riscar, escrever, brincar com esses materiais gráficos e se comunicar.

Derdyk ressalta que, em torno dos dezoito meses, a criança tem grande interesse em marcar qualquer superfície que encontra, seja com o lápis, seja com outros materiais pontiagudos: "o rastro de uma vareta na areia da praia, o risco do caco de tijolo no muro e na calçada, a marca do giz na lousa." (Derdyk, 1994, p. 56).

Segundo Etchepare (2004, p. 48),

> A criança, a partir dos 18 meses, faz **rabiscos** – Os primeiros rabiscos da criança aparecem no início do período de separação-individuação. Para Margaret Mahler (1983), somente dos doze-dezoito meses em diante e nos subsequentes dezoito meses é que se dá o período da fase do rabisco. Juntamente a essa fase de separação inicia-se o estágio verbal de desenvolvimento.

Nesse sentido, devemos prestar atenção e dedicarmos um tempo para explorar o universo infantil, pois muitas vezes a brincadeira é uma tentativa da criança de se comunicar com o mundo à sua volta. Com aproximadamente três anos de idade, ela quer se integrar ao mundo dos adultos e, por meio do desenho, inventa linguagens fictícias com a convicção de que estão "verdadeiramente comunicando algo" (Derdyk, 1994, p. 99).

Muitas vezes, vemos rabiscos sobre o papel e ali temos o desenho de um cachorro, de uma casa, de uma boneca (Figura 6.1). Aqui, a criança pretende ser compreendida pelo outro e, para ela, seu rabisco é um desenho que imita a realidade objetiva.

O que nos parece incompreensível é muito claro para a criança que produziu, que muitas vezes insiste para que prestemos atenção no que ela fez sobre o papel (Figura 6.2). Aqui, o discurso da criança ajuda o adulto a compreender o seu desenho e o que está retratado ali.

Conforme Etchepare (2004, p. 49, grifo do original),

> A criança dos 2 anos e meio até os 3 anos e meio faz **garatuja**[1]. Margaret Maller (1983) diz ainda que, durante o segundo ano de vida, a criança passa gradualmente de um estado quase que completamente vegetativo e simbioticamente dependente da mãe para uma separação individual [...]
>
> Este período é marcado pela maturação da locomoção, em que a criança deliberadamente separa-se e reúne-se com a mãe, através de seu movimento corporal e de sua vontade. A criança controla cada vez mais seu ambiente. Nota-se então crescimento gráfico bastante grande. Já munida de uma linguagem rica, consegue verbalizar melhor o que desenhou [...].

[1] Desenho rudimentar.

Figura 6.1 – Desenho de criança de 2 anos e 3 meses

Fonte: Padilha, 2008.

Figura 6.2 – Desenho de criança de 3 anos

Fonte: Padilha, 2008.

> A partir dos 3 anos e meio o desenho ganha forma através da garatuja, círculos e riscos, pois estes se fazem presentes para representar uma pessoa, um animal, etc., mas de forma esquemática, pois são construídos por poucos traços. Esta fase também é chamada de esquemática ou simbólica.

Desse modo, fica claro que o desenho é uma busca da criança se de comunicar com as pessoas à sua volta de maneira clara e objetiva, apesar dos rabiscos incompreensíveis. Essa vontade de se comunicar é reforçada quando a criança começa a adquirir a fala e, nesse momento, estabelece uma nova relação com "o universo, com os objetos, situações e seres" (Derdyk, 1994, p. 97).

Com relação a essa faixa etária, de acordo com Etchepare (2004, p. 44), também é importante considerar que,

> Até a idade de 4 anos incompletos, a criança desenha e conta o que fez, expressando com muita emoção o que, para ela, tem um significado muito importante. Por isso, devemos apenas ouvir o que a criança narra, como sugere Di Leo (1985).
> O importante, até essa idade, é o que a criança relata, pois sua linguagem oral está carregada de conteúdo inconsciente que muitas vezes não consegue revelar na expressão gráfica.

Nessa ocasião, a criança quer deixar as figuras retratadas de modo fiel à realidade (Figura 6.3), mas sabemos que isso depende de seu estágio de desenvolvimento (motor, intelectual, entre outros).

Nesse sentido, crianças com idade entre sete e oito anos são mais críticas e buscam realizar desenhos mais realistas (Figura 6.4). Etchepare (2004, p. 44) comenta que "segundo Gardner (1994), o desenho da criança atinge o seu ápice quando ela busca explorar as possibilidades e as limitações de sua linguagem. Isso só ocorre quando a criança está apta para o aprendizado da leitura e da escrita".

Nesse estágio, a criança já tem um grau de desenvolvimento (motor, intelectual etc.) mais refinado e capaz de retratar o mundo à sua volta de maneira mais próxima da realidade concreta.

Por outro lado, com o processo de alfabetização e a responsabilidade assumida em disciplinas como Matemática e Língua Portuguesa, a criança passa a despender maior energia e tempo para essas áreas do saber.

De acordo com Derkyk (1994, p. 103),

> A escolarização e a introdução de técnicas de alfabetização pode inibir o processo de desenvolvimento gráfico infantil. Verifica-se, na maioria dos casos, uma diminuição da produção gráfica dependendo das técnicas utilizadas nas escolas para a alfabetização: a aquisição da escrita pode concorrer com o desenho. Existe uma aculturação da mão dado pelo manejo do instrumento que é o mesmo utilizado no desenho e na escrita: o lápis, a caneta.

Figura 6.3 – Desenho de criança de 5 anos

Fonte: Padilha, 2008.

Figura 6.4 – Desenho de criança de 7 anos

Fonte: Padilha, 2008.

> A forma de ocupação espacial necessária para a escrita naturalmente interfere na atitude da criança: escrever de cima para baixo, da esquerda para a direita, em cima da linha, exige um tremendo controle motor. A necessidade de se expressar visualmente, pouco a pouco, pode ser substituída pela linguagem escrita. O desenho prova a sua natureza mental e intelectual.

Nesse momento, é importante que os pais e professores não critiquem a produção das crianças, pois, como estas são muito autocríticas, podem "bloquear" sua produção iconográfica, que já é comprometida pelo envolvimento do aluno com outras disciplinas na escola.

Segundo Etchepare (2004, p. 52),

> A partir dos 7 anos, há uma mudança qualitativa e quantitativa, quando o "realismo intelectual" dá lugar ao "realismo visual". A partir dos 10, 11 anos, o desenho passa a ter uma mudança progressiva, pois os temas infantis dão lugar ao social, o que nos mostra uma emancipação dos laços familiares. Aumenta o círculo de interesses e relacionamento além do lar e da família. Os desenhos de meninos, nesta idade, têm mais ação e movimento do que os das meninas, cujos temas são predominantemente mais tranquilos

Até aqui, fizemos um breve mapeamento acerca do desenvolvimento do grafismo infantil, mas, para o futuro professor que pretende trabalhar com educação infantil, sugerimos que se aprofunde no estudo de teóricos como Lowenfeld, Vygotsky, Piaget e Meridieu para uma compreensão bem fundamentada do processo de crescimento da criança e de sua relação com o desenho.

A seguir, apresentamos um quadro que foi concebido pelo estudioso Jean Piaget, acerca do desenvolvimento cognitivo da criança durantes as diferentes fases do seu crescimento. Esse quadro contribui para a compreensão sobre cada uma das etapas de desenvolvimento iconográfico da criança.

Quadro 6.1 – O desenho em relação aos estágios do desenvolvimento cognitivo de Piaget – visão sinóptica (1976)

IDADE APROXIMADA EM ANOS	DESENHO	COGNIÇÃO
0-1	Resposta reflexa aos estímulos visuais. O lápis é levado à boca; a criança não desenha.	Estágio sensório-motor. A criança age por reflexos. Pensa pela atividade motora.
1-2	Aos 13 meses aparece a primeira garatuja: um zigue-zague. A criança observa atentamente o movimento, deixando a sua marca na superfície. Desenho cinestésico.	O movimento gradualmente se torna direcionado a um objetivo, à medida que o controle cortical é gradualmente estabelecido.
2-4	Círculos aparecem e gradualmente predominam. Após, os círculos se tornam discretos. Num círculo casualmente desenhado, a criança visualiza um objeto. O primeiro símbolo gráfico é feito, usualmente, entre 3 e 4 anos.	A criança começa a funcionar através do pensamentos simbólico. Linguagem e outras formas de comunicação simbólica desempenham maior papel. A visão da criança é altamente egocêntrica. Brincadeiras de faz-de-conta.

(Quadro 6.1 – continua)

(Quadro 6.1 – conclusão)

IDADE APROXIMADA EM ANOS	DESENHO	COGNIÇÃO
4-7	Realismo intelectual. Desenha um modelo interno e não como é visto realmente. Desenha o que sabe que deveria estar ali. Mostra pessoas através das paredes e através do casco dos barcos. Transparências. Expressionismo. Subjetivismos.	Estágio pré-operacional (pensamento intuitivo). Egocentrismo. Visão subjetiva do mundo. Vívida imaginação. Fantasia. Curiosidade. Criatividade. Focalizado em apenas uma característica do tempo. Funciona intuitivamente e não logicamente.
7-12	Realismo visual. A subjetividade diminui. Desenha o que é realmente visível. Não há mais a técnica do raio-X (transparência). As figuras humanas são mais realistas, proporcionais. As cores são mais convencionais. Distingue o direito do esquerdo na figura desenhada.	Estágio das operaçoes concretas. Pensa logicamente sobre as coisas. Não mais dominado por percepções imediatas. Conceito de reversibilidade: coisas que eram o mesmo permaneceram o mesmo, até quando sua aparência possa ter mudado.
12+	Com o desenvolvimento da faculdade crítica, a maioria perde o interesse em desenhar. Os talentosos tendem a preservar.	Estágio das Operações Formais. Encara sua produção criticamente. Apto para considerar hipóteses. Pode pensar sobre ideias e não apenas sobre aspectos de uma situação.

Fonte: Etchepare, 2004, p. 54.

6.1.2 O desenho infantil e a escola

A criança enquanto desenha canta, dança, conta histórias, teatraliza, imagina, ou até silencia... O ato de desenhar impulsiona outras manifestações, que acontecem juntas, numa unidade indissolúvel, possibilitando uma grande caminhada pelo quintal do imaginário. (Derdyk, 1994, p. 19)

A criança explora o desenho antes mesmo de ingressar no universo escolar. Muitas vezes, os pais não compreendem os rabiscos realizados sobre o papel, as paredes, o chão e o sofá, entre outros objetos. Quando a criança está na escola, o professor desempenha um papel fundamental ao fazer com que a criança explore esse meio de expressão e comunicação, estimulando o desenvolvimento motor, cognitivo e afetivo. Dessa maneira, tais rabiscos assumem uma importância fundamental no processo de crescimento, assim, todas as etapas devem ser respeitadas e compreendidas.

Rosa Iavelberg (2006), no livro *O desenho cultivado na criança: prática e formação de educadores*, ressalta que, ao desenhar, a criança vai adquirindo conhecimento das pessoas com quem convive e do mundo à sua volta. Ela também apreende e aumenta o nível de compreensão acerca da arte e das produções artísticas.

Portanto, é importante que não privemos as crianças de seu espírito criativo e não tomemos atitudes de reprovação caso ela realize rabiscos sobre o papel, já que faz parte de seu processo de desenvolvimento. A esse respeito, a criança precisa ficar livre das críticas das quais está cercado o mundo adulto.

Iavelberg (2006) ressalta que o professor de Arte precisa incentivar os alunos com proposições que instiguem e estimulem o conhecimento sobre arte, avançando no grau de dificuldade desse conteúdo, mas sugere que isso aconteça de modo gradativo e participativo. É importante salientarmos que o professor de Arte não é somente um transmissor de conhecimento, mas um agente que dinamiza o processo entre a teoria e a prática. Tal processo deve considerar o grupo de alunos e as especificidades de cada criança no desenvolvimento das aulas.

6.2 O desenho na sala de aula: uma reflexão crítica

Na educação básica, a escola é um ambiente no qual crianças e adolescentes passam boa parte do seu tempo, em período parcial ou integral. Em razão de seu caráter obrigatório, torna-se espaço propício para o desenvolvimento do aluno/sujeito. O currículo da educação básica (ensino formal) está voltado para a "liberdade de aprender, ensinar, pesquisar e divulgar a cultura, o pensamento, a arte e o saber", entre outros aspectos contemplados nas Diretrizes Curriculares Nacionais da Educação Básica (Brasil, 2013).

A escola é um espaço que promove o intercâmbio entre o aluno e as diversas instâncias artísticas e culturais, trazendo tais manifestações para o ambiente acadêmico ou viabilizando o acesso aos espaços culturais (museus, teatros, espaços de artes, etc.). Nesse sentido, o projeto nacional de educação prevê que o aluno tenha "o direito de aprender e, portanto, intrínseco ao direito a dignidade humana, a liberdade, a inserção social, ao acesso aos bens sociais, artísticos e culturais" (Brasil, 2013, p. 26).

Em se tratando de um contexto mais amplo, a escola precisa acolher "diferentes manifestações culturais e diferentes óticas" e dedicar-se à construção de um espaço que valorize as questões contemporâneas como a pluralidade, assim como desempenhar um "papel socioeducativo, artístico, cultural, ambiental, fundamentadas no pressuposto do respeito e da valorização das diferenças" (Brasil, 2013, p. 27).

A arte na educação formal contempla a sala de aula e todas as manifestações artísticas e culturais promovidas pela escola e disponibilizadas aos alunos, as quais podem ser exposições artísticas (dos alunos, professores ou de um artista convidado), apresentações musicais, teatrais ou de dança ou *grafitti* nos muros da instituição, entre outros. Tendo em vista esse vasto panorama de vivências artísticas e a bagagem cultural que o aluno traz para a escola, temos as aulas de Arte e a linguagem do desenho.

Tiburi e Chuí (2010, p. 101) ressaltam a importância do desenho bem aplicado nas aulas de Arte como uma forma de "livrar-se da cegueira causada pela ditadura dos conceitos escolares e aprender a qualificar o olhar sobre as coisas é certamente um elemento de emancipação, descoberta do mundo e de si". Os autores também salientam que o processo de ensino-aprendizagem pode estimular determinada percepção do aluno e bloquear outras áreas. Como exemplo, os autores citam o caso da escrita escolar, que, por conter várias regras preconcebidas, podem bloquear o espírito mais sensível dos alunos para o desenho.

Hallawell (1994) afirma que a linguagem do desenho é um importante aliado para desenvolver o caráter expressivo e intuitivo das crianças e que o processo é mais importante do que seu produto final. Sendo assim, o discente deve se concentrar no processo de experimentar, aprender e descobrir, por meio dos elementos visuais que integram o desenho, que o domínio técnico é uma consequência natural da sua prática.

6.2.1 O desenho na escola: considerações sobre o desenho estereotipado

Conceber o desenho como mera cópia é um tremendo equívoco e uma enorme redução do significado do ato de desenhar e criar. (Derdyk, 1994, p. 111)

Iavelberg (2013), em *Desenho na educação infantil*, ressalta que o desenho estereotipado trata-se da repetição de alguns modelos preconcebidos e que não sofrem modificações do seu autor. Podemos citar alguns exemplos como a figura humana feita de "palitinhos" e o sol com "carinha". Nesse caso, a criança prefere reproduzir alguns desses modelos e

Figura 6.5 – Desenho estereotipado

Lilyana Vynogradova/Shutterstock

ficar na zona de conforto por não receber o estímulo adequado de seus pais e professores. A autora reforça a importância desse incentivo para que a criança possa transformar o desenho estereotipado em uma produção mais autoral e criativa.

Percebemos, assim, que o desenho estereotipado é negativo, pois limita o espírito criativo e inventivo do aluno. Se, por um lado, a arte estimula a reflexão crítica do aluno em relação ao mundo que o rodeia, por outro, a mera reprodução não desperta a curiosidade do educando em querer saber mais.

Como vimos, no desenho estereotipado, temos um resultado gráfico que contém elementos padronizados que a criança aprende a copiar e por meio dos quais se expressa (Figura 6.5). Se o aluno não for estimulado a investigar outras formas de representação, muito provavelmente continuará repetindo esse mesmo padrão iconográfico na fase adulta – a casa, as nuvens e os pássaros.

Em se tratando da exploração da criatividade do aluno, o desenho estereotipado limita e restringe, pois a criança não se coloca no papel de agente de seu processo construtivo – e aqui estamos falando das aulas de Arte, que têm esse intuito.

No entanto, Derdyk faz uma ressalva ao apontar que existe uma diferença entre a cópia e a imitação, já que a primeira não tem uma reflexão do aluno e a segunda é a busca de aprender a fazer algo:

> A imitação possui um significado distinto da cópia. Ela decorre da experiência pessoal, orientada pela seleção natural que a criança efetua dos "objetos", para então apropriar-se deste ou daquele conteúdo, forma, figura, tema, através da representação. Imitar é maneira de se apropriar. A capacidade de imitar só é possível quando a criança está apta a reproduzir e simbolizar imagens mentais internas. A imitação reapresenta estas imagens mentais sob forma de linguagem, ampliando o repertório gráfico através da repetição. Esta também faz parte do processo de aquisição de conhecimento. Basta olhar para uma criança aprendendo a andar. A repetição é a incorporação de gestos, de elementos gráficos, de conteúdos que vão se acrescentando ao repertório infantil, por livre-arbítrio. (Derdyk, 1994, p. 110)

No início, a criança pode imitar o desenho do professor, mas, à medida que se desenvolve e aumenta sua habilidade técnica, motora e seu repertório de referências, descobre seu caminho na busca de um desenho mais autoral.

Nesse sentido, é importante que o docente propicie a experiência da descoberta para o aluno e que o caminho percorrido seja vivenciado por ele durante todo o processo.

6.2.2 As possibilidades da exploração do desenho na sala de aula

O quadro de conteúdos básicos das aulas de Arte foi concebido pelas Diretrizes Curriculares da Educação Básica (Paraná, 2008) e contempla os conhecimentos considerados fundamentais para cada uma das séries dos ensinos fundamental e médio. Diante dessa premissa, o termo *fundamental* refere-se aos conhecimentos "considerados imprescindíveis para a formação conceitual dos estudantes nas diversas disciplinas da Educação Básica" (Paraná, 2008, p. 87). Trata-se de um direito ao acesso às informações, portanto o professor é o agente responsável em viabilizar esses conhecimentos, cujos conteúdos básicos são parâmetros que norteiam o processo de ensino e aprendizagem.

Analisando o quadro de conteúdos básicos do ensino médio indicado a seguir, constatamos os tópicos a serem abordados em sala de aula e percebemos que alguns deles se referem à linguagem do desenho, como é o caso dos itens *Elementos formais* (ponto, linha, forma etc.) e *Composição* (bidimensional, perspectiva etc.).

Quadro 6.2 – Diretrizes Curriculares da Educação Básica

ENSINO MÉDIO – ÁREA ARTES VISUAIS

Conteúdos estruturantes			Abordagem pedagógica	Expectativas de aprendizagem
Elementos formais	Composição	Movimentos e períodos		
Conteúdos básicos para a série				
▪ Ponto ▪ Linha ▪ Forma ▪ Textura ▪ Superfície ▪ Volume ▪ Cor ▪ Luz	▪ Bidimensional ▪ Tridimensional ▪ Figura e fundo ▪ Figurativo ▪ Abstrato ▪ Perspectiva ▪ Semelhanças ▪ Contrastes ▪ Ritmo Visual ▪ Simetria ▪ Deformação ▪ Estilização ▪ Técnica: pintura, desenho, modelagem, instalação/performance, fotografia, gravura e esculturas, arquitetura, história em quadrinhos... ▪ Gêneros: paisagem, natureza-morta, cenas do cotidiano, histórica, religiosa, da mitologia...	▪ Arte Ocidental ▪ Arte Oriental ▪ Arte Africana ▪ Arte Brasileira ▪ Arte Paranaense ▪ Arte Popular ▪ Arte de Vanguarda ▪ Indústria Cultural ▪ Arte Contemporânea ▪ Arte Latino-Americana	No Ensino Médio é proposta uma retomada dos conteúdos do Ensino Fundamental e aprofundamento destes e outros conteúdos de acordo com a experiência escolar e cultural dos alunos. Percepção dos modos de fazer trabalhos com artes visuais nas diferentes culturas e mídias. Teoria das artes visuais. Produção de trabalhos de artes visuais com os modos de organização e composição, com enfoque nas diversas culturas.	Compreensão dos elementos que estruturam e organizam as artes visuais e sua relação com a sociedade contemporânea. Produção de trabalhos de artes visuais visando a atuação [sic] do sujeito em sua realidade singular e social. Apropriação prática e teórica dos modos de composição das artes visuais nas diversas culturas e mídias, relacionadas à produção, divulgação e consumo.

Fonte: Paraná, 2008, p. 98.

Considerando as diretrizes, é importante que o aluno conheça as possibilidades de explorar o desenho em um sentido mais tradicional e que saiba das conexões dessa linguagem com a arte contemporânea, que propõe um novo olhar para trabalhos artísticos muitas vezes inusitados, como as linhas de costura que ocupam o espaço expositivo de Derdyk até os desenhos mais figurativos do artista *pop* norte-americano Jim Dine, que trazem uma abordagem crítico-social (ambos já abordados em capítulos anteriores).

O desenho como linguagem pode ser trabalhado em sala de aula nos seus diferentes aspectos: na exploração dos diferentes materiais (convencionais ou não convencionais), nas possibilidades gráficas e formais (figurativo, não figurativo, linha, forma, luz e sombra etc), no caráter mais subjetivo ou conceitual, em questões que envolvam a contemporaneidade.

No artigo intitulado "A arte contemporânea como fundamento para a prática do ensino de artes", a autora Marina Pereira de Menezes (2007) aponta sobre a importância de o desenho integrar as aulas de Arte, que muitas vezes ficam limitadas às linguagens tradicionais (como pintura e escultura) e à história da arte, em virtude da falta de preparo de muitos professores sobre a arte contemporânea.

Enfim, percebemos que existem inúmeras vertentes que podem ser trabalhadas pelo professor em sala de aula, podendo este conectá-las com outras linguagens artísticas, com a história da arte e com o mundo à sua volta. A arte contemporânea constitui-se como parte integrante no processo de ensino-aprendizagem, "agregando aspectos como a liberdade de caminhos, a investigação e a experimentação de novos meios materiais e temas [...] e configura-se como uma produção complexa e plural" (Menezes, 2007, p. 1007).

Como salientado por Menezes (2007), o importante é constatarmos que a arte não pode ser considerada somente pelo seu produto final, mas pelo processo de construção da obra, que envolve desde a **investigação e experimentação de materiais** até uma compreensão acerca da mudança de alguns paradigmas no que se refere ao **papel do**

artista, o **posicionamento do espectador** e o **lugar da arte**. Aqui, relacionamos tal complexidade como um reflexo do próprio mundo contemporâneo em que vivemos.

6.2.3 Avaliação nas aulas de Arte

Ao pesquisarmos as Diretrizes Curriculares da Educação Básica[2] (Paraná, 2008), nos deparamos com o capítulo sobre avaliação, que informa que esta é **diagnóstica** e **processual**. O texto complementa que "é diagnóstica por ser a referência do professor para planejar as aulas e avaliar os alunos; é processual por pertencer a todos os momentos da prática pedagógica" (Paraná, 2008, p. 81). A etapa processual precisa ser contemplada nas "formas de avaliação da aprendizagem, do ensino (desenvolvimento das aulas), bem como a autoavaliação dos alunos" (Paraná, 2008, p. 81).

Tais diretrizes especificam que as formas de avaliação devem incluir "observação e registro do processo de aprendizagem, com os avanços e dificuldades percebidos na apropriação do conhecimento pelos alunos" (Paraná, 2008, p. 81). Assim, é importante que o professor esteja atento para observar como o aluno apresenta a solução de problemas propostos em sala e como é seu relacionamento em grupo durante as discussões.

Por se tratar de uma avaliação processual, o aluno pode anotar suas observações acerca das etapas de desenvolvimento das atividades. Nesse momento, o docente pode sugerir que as propostas realizadas pelos alunos sejam apresentadas em aula, para que todos os colegas conheçam seu trabalho, fomentando assim a discussão em grupo (Paraná, 2008).

Conforme comentamos anteriormente, o professor precisa levar em consideração toda a bagagem cultural que o aluno adquiriu no ambiente escolar e fora dele. Outra questão importante é que o professor deve ficar atento sobre o desenvolvimento individual de

---

2 Diretrizes Curriculares da Educação Básica da Secretaria da Educação do Estado do Paraná, com base na Lei de Diretrizes e Bases (n. 9.394, de 23 de dezembro de 1996, art. 24, inc. V, Brasil, 1996)

cada aluno e perceba as inclinações pessoais para determinadas linguagens artísticas (Paraná, 2008).

A avaliação nas aulas de Arte é um momento que pode ser mais delicado para o professor, já que é necessário estabelecer critérios claros e objetivos para qualificar trabalhos, que, por sua vez, podem envolver conteúdos subjetivos e conceituais. Hernández (2000, p. 153) complementa essa reflexão comentando sobre a importância de o aluno "conhecer a finalidade e o sentido do que faz e de como a avaliação faz parte do próprio processo de aprendizagem."

Menezes (2007, p. 1009) salienta a importância de o professor de Arte viabilizar um trabalho mais significativo em sala de aula, tornando-a um "espaço de reflexão, investigação e produção de conhecimento". Nesse ponto, a produção pictórica não está mais vinculada à reprodução ou execução de "trabalhos de satisfatório efeito visual", mas sim ao que efetivamente tenha sentido para os alunos e esteja conectado com a "arte de nossos dias". Nesse sentido, é fundamental que os conhecimentos adquiridos nas aulas de Arte possam ser "transferidos" para outros contextos e circunstâncias na escola e fora dela (Hernández, 2000).

No artigo "Construção de conhecimento artístico e didático na formação de professores", Iavelberg (2009) relata a experiência realizada em cursos de formação continuada com professores da Região Norte do Brasil, para que eles pudessem adquirir maior autonomia e liberdade no ensino da Arte. A autora critica o uso de manuais com conteúdos previamente elaborados e com atividades dirigidas aos alunos, já que esses materiais empobrecem a prática em sala de aula. Ela sugere um "objeto de trabalho criativo feito pelos professores, com a finalidade de ordenar uma nova vida nas escolas, orientando práticas profissionais criativas e a apropriação da elaboração do desenho curricular pelas equipes" (Iavelberg, 2009, p. 27).

Iavelberg (2009) ressalta a importância de o professor de Arte não se limitar aos conteúdos predeterminados, mas conectar abordagens atualizadas com a sua disciplina e integrá-las com a realidade dos alunos. Em outras palavras, não podemos nos prender somente ao conteúdo predeterminado sem levar em consideração os artistas e os projetos artísticos que envolvem toda a comunidade local. A autora ressalta que é "preciso estar aberto e ser flexível na ação didática", concebendo um professor "prático/reflexivo e criador nas situações didáticas em mobilidade permanente" (Iavelberg, 2009, p. 30), que conecta a realidade escolar com o mundo real.

Hernández (2000) sugere a utilização do portfólio[3] como uma das modalidades de avaliação nas aulas de Arte. Segundo ele,

> Arquitetos, desenhistas e artistas selecionam e ordenam mostras de suas trajetória profissional para poder apresentá-las num suporte físico (o portfólio), de maneira que o destinatário (um cliente, um dono de galeria, um examinador) possa apreciar os momentos mais significativos de seu percurso, ao mesmo tempo que adquirem uma visão global do mesmo. (Hernández, 2000, p. 165)

O autor reforça que a prática do portfólio pode ser utilizada nos ensinos fundamental, médio e superior, assim como na formação dos professores ou de qualquer outro profissional. Juntamente com o caderno de desenhos e anotações[4], é possível que o professor acompanhe a "trajetória de aprendizagem de cada estudante, de maneira que,

---

3 Nas "Questões para reflexão" do Capítulo 2 deste livro, você realizou uma atividade para conhecer o portfólio da artista Sandra Cinto, que contém algumas produções, o currículo, um texto crítico e notícias sobre exposições realizadas por ela. Reveja esse material para relembrar a composição de um portfólio.

4 O caderno de desenhos e anotações foi sugerido na Seção 5.2.1, intitulada "O desenho como meio para explorar e desenvolver o processo criativo do aluno".

além de colocar em evidência seu percurso e refletir sobre ele, possam contrastá-lo com as finalidades iniciais de seu processo e as intenções educativas e formativa dos docentes" (Hernández, 2000, p. 165). A utilização do portfólio na avaliação permite aos alunos revisão constante de seu desenvolvimento, pois eles sentem a "aprendizagem como algo próprio", decidindo quais trabalhos irão compor o portfólio. O professor pode, assim, avaliar o aluno durante todo o processo, e não de maneira isolada e pontual.

Outra sugestão de Hernández (2000) é a realização de projetos[5], não como uma metodologia de ensino, mas como "uma forma de entender o sentido da escolaridade baseado no ensino para a compreensão" (Hernández, 2000, p. 183). No projeto, o aluno participa do processo de pesquisa e de aprendizagem, assim como torna-se mais flexível no entendimento do outro e do meio cultural em que está inserido.

Desse modo, a finalidade do ensino baseado em projetos "é promover nos alunos a compreensão dos problemas que pesquisam" (Hernández, 2000, p. 183). O professor pode acompanhar cada etapa do desenvolvimento de um projeto, desde sua ideia inicial até a elaboração final do trabalho.

A seguir, destacamos um quadro apresentado no livro de Hernández (reproduzido na íntegra), em que a primeira coluna aponta as características contempladas num projeto de trabalho e a segunda coluna mostra os equívocos que os professores podem cometer nesse tipo de proposta.

---

5 Podemos relacionar o conteúdo desta Seção com a 4.2.2, "Trabalhando com projeto: uma construção da linguagem artística individual com base no desenho".

Quadro 6.3 – Proposta de projeto de trabalho segundo Hernández (2000)

Primeira caracterização de um projeto de trabalho	Nem tudo que parece é um projeto
- Parte-se de um tema ou de um problema negociado com a turma. - Inicia-se um processo de pesquisa. - Busca-se e seleciona-se fontes de informação. - São estabelecidos critérios de organização e interpretação das fontes. - São recolhidas novas dúvidas e perguntas. - São estabelecidas relações com outros problemas. - Representa-se o processo de elaboração do conhecimento vivido. - Recapitula-se (avalia-se) o que se aprendeu. - Conecta-se com um novo tema ou problema.	1. Um caminho descritivo por um tema. 2. Uma apresentação do que sabe o professor, que é o protagonista das decisões sobre a informação e que é o único que possui a verdade do saber. 3. Um caminho expositivo, sem problemas e sem um fio condutor. 4. Uma apresentação linear de um tema, baseada numa sequência estável e única de passos e vinculada a uma tipologia de informação (a que se encontra nos livros-texto). 5. Uma atividade em que o docente dá as respostas sobre o que já sabe. 6. Pensar que os alunos devam aprender o que queremos ensinar-lhes. 7. Uma apresentação de matérias escolares. 8. Transformar em matéria de estudo aquilo de que nosso alunos gostam e que lhes apeteça.

Fonte: Hernández, 2000, p. 182.

Percebemos que, com base em propostas voltadas ao caráter processual, o ensino e a avaliação nas aulas de Arte pretendem fomentar a formação de sujeitos mais críticos e que tenham a capacidade de resolver problemas de forma mais criativa. Quando o aluno realiza uma proposta (tema), ele reflete sobre as possibilidades de resolução do problema, pesquisa e seleciona suas fontes de informação, cria e viabiliza formas de materializar sua ideia. Dessa forma, a experiência transforma-se em conhecimento, e o aluno tem a capacidade de interpretar e transmitir uma visão de mundo, bem como de explorar seu lado sensível, criativo e crítico.

Síntese

Neste último capítulo do livro, você conheceu um pouco mais sobre o desenvolvimento do grafismo infantil em cada faixa etária e constatou como as crianças se comunicam por meio do desenho mesmo antes da fase escolar. Cada elemento gráfico disposto sobre o papel mobiliza as crianças a explorarem os materiais pela curiosidade em ver surgir linhas sobre o papel.

Em relação à escola, vislumbramos a importância do desenho nas aulas de Arte e conhecemos alguns tópicos das Diretrizes Curriculares Nacionais para a Educação Básica, documento idealizado pelo MEC e que institui que a linguagem do desenho deve ser parte integrante dos conhecimentos transmitidos aos alunos na educação básica.

Finalmente, discutimos brevemente sobre a avaliação nas aulas de Arte. Para muitos professores que ministram essa disciplina, esse é um dos momentos mais desafiadores, uma vez que é necessário levar em consideração os aspectos conceituais e subjetivos de cada produção, assim como os trabalhos realizados em equipe.

Indicações culturais

KRAMER, S.; LEITE, M. I. (Org.). **Infância e produção cultural**. Campinas: Papirus, 1998. (Série Prática Pedagógica).

> Para aprofundar seu conhecimento, indicamos a obra de Kramer e Leite, que traz uma abordagem acerca da infância sob um viés no qual a criança é vista como um sujeito social, histórico e produtor de cultura.

HERNÁNDEZ, F. **Cultura visual, mudança educativa e projeto de trabalho**. Porto Alegre: Artmed, 2000.

> Fernando Hernández explica, no Capítulo 7 deste livro, "A avaliação na educação artística", como trabalhar com o portfólio em sala de aula. No Capítulo 8, "Três projetos de trabalho para compreensão de cultura visual", o autor trata sobre a proposta de se trabalhar com projetos em sala de aula.

BRASIL. Ministério da Educação. Secretaria de Educação Básica. Secretaria de Educação Continuada, Alfabetização, Diversidade e Inclusão. Secretaria de Educação Profissional e Tecnológica. Conselho Nacional de Educação. Câmara Nacional de Educação Básica. **Diretrizes Curriculares Nacionais da Educação Básica**. Brasília: MEC, SEB, Dicei, 2013. Disponível em: <http://portal.mec.gov.br/index.php?option=com_docman&view=download&alias=15548-d-c-n-educacao-basica-nova-pdf&Itemid=30192>. Acesso em: 16 jun. 2016.

> Acesse o *site* do Ministério da Educação para conhecer as Diretrizes Curriculares Nacionais para a Educação Básica.

PARANÁ. Secretaria de Estado da Educação. Departamento de Educação Básica. **Diretrizes Curriculares da Educação Básica**: Arte. Curitiba, 2008. Disponível em: <http://www.educadores.diaadia.pr.gov.br/arquivos/File/diretrizes/dce_arte.pdf>. Acesso em: 16 jun. 2016.

> Acesse o *site* da Secretaria de Estado da Educação do Paraná para conhecer as Diretrizes Curriculares da Educação Básica em relação à área de arte.

GUARULHOS. Secretaria de Eucação. Universidade Federal de São Paulo. **Museu virtual do desenho da criança**. Disponível em: <http://portaleducacao.guarulhos.sp.gov.br/museudodesenho>. Acesso em: 16 jun. 2016.

> O Museu Virtual do Desenho da Criança é um projeto idealizado pela Secretaria de Educação da cidade de Garulhos (SP) juntamente com a Universidade Federal do Estado de São Paulo (Unifesp). Nessa página, encontram-se produções iconográficas infantis, assim como textos e vídeos de pesquisadores renomados na área de arte-educação.

UNIVESP TV. **Grafismo infantil**: leitura e desenvolvimento. Disponível em: <http://univesptv.cmais.com.br/grafismo-infantil-leitura-e-desenvolvimento>. Acesso em: 16 jun. 2016.

UNIVESP TV. **Notícias Univesp**: Novo livro sobre arte e educação – Miriam Martins. Disponível em: <https://www.youtube.com/watch?v=qjOQJtgl9RE>. Acesso em: 16 jun. 2016.

> O vídeo *Grafismo infantil: leitura e desenvolvimento* traz uma abordagem com base na prática em sala de aula, e o vídeo *Notícias Univesp: Novo livro sobre arte e educação* apresenta uma entrevista com a arte-educadora Miriam Celeste Martins, que comenta a respeito da relação da arte com as pessoas.

Atividades de autoavaliação

1. No que diz respeito ao desenho infantil, leia as afirmativas a seguir e assinale a(s) alternativa(s) correta(s):
    a) O desenho pode ser um elemento de grande importância para compreender o desenvolvimento motor, intelectual e afetivo da criança.

b) Em pesquisas realizadas por estudiosos, comprovou-se que as crianças não demonstram muito interesse em explorar materiais gráficos como caneta ou lápis de cor.

c) As crianças rabiscam, riscam, escrevem e brincam com o intuito somente de descarregar a tensão emocional e não de se comunicar e/ou se expressar.

d) O que parece incompreensível para os adultos é muito claro para as crianças; vemos rabiscos sobre o papel, mas para a criança ali há o desenho de um cachorro, por exemplo.

2. A autora Edith Derdyk, em seu livro intitulado *Formas de pensar o desenho: desenvolvimento do grafismo infantil*, dedica grande parte de sua pesquisa para o desenvolvimento do grafismo infantil, analisando os desenhos realizados por crianças nas diversas fases, dos dezoito meses até mais ou menos os sete anos de idade. Com base nessa proposição e no conteúdo que você estudou neste capítulo, leia as afirmações a seguir e assinale a alternativa **incorreta**:

a) A criança explora o desenho antes mesmo de ingressar no universo escolar. Muitas vezes, os pais não compreendem os rabiscos realizados no papel e até mesmo nas paredes, no chão, no sofá e em outros objetos.

b) Os rabiscos assumem uma importância fundamental no processo de crescimento infantil e devem ser respeitados e compreendidos.

c) Derdyk afirma que é importante não privarmos as crianças de seu espírito criativo e não tomarmos atitudes de reprovação caso realizem rabiscos no papel.

d) Derdyk afirma que, mesmo integrando o desenvolvimento da criança, os rabiscos infantis nunca estão livres das críticas das quais está cercado o mundo adulto.

3. No que diz respeito às Diretrizes Curriculares da Educação Básica da Secretaria de Estado da Educação do Paraná, sobre o processo de avaliação na disciplina de Arte, assinale a alternativa **incorreta**:
   a) A avaliação em Arte é diagnóstica, por servir de referência ao professor no planejamento das aulas.
   b) A avaliação em Arte constitui-se como uma das etapas da prática do professor em sala de aula.
   c) A avaliação em Arte não prevê a autoavaliação dos alunos.
   d) Na avaliação em Arte, o professor precisa observar os avanços e as dificuldades dos alunos na apreensão dos conhecimentos.

4. Leia as afirmações a seguir e assinale (V) para verdadeiro e (F) para falso:
   ( ) Na avaliação em Arte, o aluno precisa anotar suas observações acerca das etapas de desenvolvimento das atividades realizadas em sala de aula.
   ( ) O professor deve ficar atento sobre o desenvolvimento individual dos alunos e perceber quais as inclinações pessoais de cada um para determinadas linguagens artísticas.
   ( ) O professor deve desconsiderar toda a bagagem cultural que o aluno adquiriu no ambiente escolar e fora dele.
   ( ) É irrelevante que o professor esteja atento para observar como o aluno apresenta a solução de problemas propostos em sala.

5. Leia o texto a seguir e assinale a alternativa cujos termos preenchem adequadamente as lacunas.

   O desenho estereotipado é visto com crítica, pois limita o espírito criativo e inventivo do aluno. Estudiosos observaram que ele também pode ser recorrente na faixa etária dos sete aos oito anos de idade, em que a criança passa para a fase do _____, na qual ela busca retratar elementos mais próximos do _____. Nessa fase, observa-se uma característica interessante: o _____. Normalmente, meninas desenham objetos que se identificam mais com o universo feminino, tais como flores e bonecas. Já os meninos se interessam mais por elementos considerados do interesse masculino, tais como carros e heróis.

a) realismo; mundo concreto; gênero.
b) mundo concreto; realismo; gênero.
c) gênero; mundo concreto; realismo.
d) gênero; mundo concreto; realismo.

Atividades de aprendizagem

Questões para reflexão

1. Leia a entrevista *Regina Silveira: a mágica das sombras*, publicada pela revista Pesquisa Fapesp, em que a artista comenta seu processo de criação.

   HAAG, Carlos. Regina Silveira: a mágica das sombras. **Revista Pesquisa Fapesp**, Artes visuais, ed. 178, dez. 2010. Entrevista. Disponível em: <http://revistapesquisa.fapesp.br/2010/12/01/regina-silveira-a-m%C3%A1gica-das-sombras>. Acesso em: 16 jun. 2016.

   Após a leitura do texto, discuta com seus colegas os pontos relevantes na trajetória dessa artista, especialmente aqueles diretamente relacionados com seu processo criativo (que poderiam defini-la como *sujeito criativo*).

2. O Instituto Inhotim está localizado na cidade de Brumadinho (MG) e abriga um dos maiores acervos de arte contemporânea do mundo, além de reunir uma coleção botânica com espécies raras de todo o planeta. Acesse o endereço indicado a seguir e faça uma visita virtual no *site* do Inhotim para conhecer a obra dos artistas que integram esse valioso acervo.

INHOTIM. Disponível em: <http://inhotim.org.br>. Acesso em: 16 jun. 2016.

Depois de conhecer um pouco sobre esse local, acesse o *site* da Inhotim Escola (a seguir) e saiba quais são as ações educativas disponibilizados por eles. O objetivo desta última pesquisa é conhecer um pouco sobre a educação não formal disponibilizada em espaços culturais e artísticos. Após as pesquisas, reúna-se com seus colegas em sala de aula e discuta sobre a integração entre arte e natureza e a importância da preservação do meio ambiente, entre outros aspectos que mais chamaram sua atenção.

INHOTIM. **Inhotim Escola**. Disponível em: <http://inhotim.org.br/blog/tag/inhotim-escola-2>. Acesso em: 8 jul. 2016.

Atividade aplicada: prática

Baixe o arquivo (em formato PDF) do caderno de Arte, referente às Diretrizes Curriculares da Educação Básica, da Secretaria do Estado da Educação do Paraná, no seguinte endereço:

PARANÁ. Secretaria de Estado da Educação. Departamento de Educação Básica. **Diretrizes Curriculares da Educação Básica**. Arte. 2008. Disponível em: <http://www.educadores.diaadia.pr.gov.br/arquivos/File/diretrizes/dce_arte.pdf>. Acesso em: 16 jun. 2016.

Nas páginas 89 a 100 do documento, leia os conteúdos básicos previstos para artes visuais nos ensinos fundamental e médio e, em seguida, discuta com seus colegas: Quais são os conteúdos abordados em cada série? Qual é a abordagem pedagógica e quais são as expectativas de aprendizagem do aluno? Esta atividade contribuirá para que você tenha acesso aos documentos que atualmente são utilizados para o ensino da Arte.

Considerações finais

Finalizamos esta obra. Nela, fizemos uma breve apresentação de conteúdos acerca do desenho e conhecemos alguns autores e seus conceitos. Procuramos distribuir de maneira equilibrada o conteúdo teórico, as proposições avaliativas e as atividades práticas. Este material também possibilitou que você compreendesse alguns caminhos que podem ser percorridos tanto na sua jornada acadêmica quanto na profissional. Assim, acreditamos que os objetivos propostos no início deste livro foram atingidos, já que você conheceu uma diversidade de reflexões teóricas e suas possíveis relações com a prática.

Os autores que embasaram esta obra – como Fernando Hernández, Edith Derdyk, Cecília Salles, Philip Hallawell e Heinrich Wölfflin – contribuíram para o aprofundamento das questões apontadas, portanto, foram fundamentais para construir e dar corpo às reflexões apresentadas neste livro. Todos eles servirão como alicerce teórico para você dar continuidade às suas pesquisas.

Procuramos analisar o desenho como linguagem nas mais diferentes vertentes que ele pode assumir, dos pontos de vista artístico e técnico e nas diversas áreas de atuação, desde as artes visuais até a arquitetura. Você teve contato com os aspectos criativo, processual e profissional do desenho. Conheceu sua importância na sala de aula e para o desenvolvimento do grafismo infantil.

Daqui para frente, é fundamental que você busque constantemente seu aperfeiçoamento acadêmico e profissional e que continue explorando a área das artes visuais e da educação, tornando-se um pesquisador, seja na educação infantil, seja nos ensinos fundamental, médio e superior.

Esperamos que a linguagem do desenho acompanhe você como parte integrante de seu repertório, independentemente do caminho que decida trilhar. E que voocê mantenha-se sempre conectado com as questões da história da arte (do passado e a atual), com o mundo à sua volta, com o processo de desenvolvimento do trabalho artístico, com a cultura (local e mundial) e com outras áreas de atuação. Assim como nas linhas de costura de Edith Derdyk, estabelecemos uma trama de conexões entre todos esses elementos para construir um saber fundado na pesquisa e na experimentação constante, ou seja, que se constitui mediante esse *continuum* no tempo e no espaço.

Referências

ANCHIETA, M. A forma: parte 2. **Blog Arte CEDVF**, [s.l.], 8 jul. 2011. Disponível em: <http://blogartecedvf.blogspot.com.br/2011/07/forma-parte-2.html>. Acesso em: 16 jun. 2016.

ANDRADE, M. de. Do desenho. In: _____. **Aspectos das artes plásticas no Brasil**. 2. ed. Belo Horizonte: Itatiaia, 1975. p. 71-77.

ARCHER, M. **Arte contemporânea**: uma história concisa. São Paulo: M. Fontes, 2001.

ARGAN, G. C. **Arte moderna**. 4. ed. São Paulo: Companhia das Letras, 1992.

ARNHEIM, R. **Arte e percepção visual**: uma psicologia da visão criadora. 13. ed. São Paulo: Pioneira, 2000.

ARTE NA ESCOLA. Disponível em: <http://artenaescolapatricia.blogspot.com.br/>. Acesso em: 17 jun. 2016.

BATTCOCK, G. (Org.). **A nova arte**. 2. ed. São Paulo: Perspectiva, 1986.

BOURGEOIS, L. **Destruição do pai, reconstrução do pai**. Escritos e entrevistas 1923-1997. São Paulo: Cosac & Naify, 2000.

BRASIL. Lei n. 9.394, de 20 de dezembro de 1996. **Diário Oficial da União**, Poder Legislativo, Brasília, DF, 23 dez. 1996. Disponível em: <http://www.planalto.gov.br/ccivil_03/LEIS/l9394.htm>. Acesso em: 17 jun. 2016.

BRASIL. Ministério da Educação. Secretaria de Educação Básica. Secretaria de Educação Continuada, Alfabetização, Diversidade e Inclusão. Secretaria de Educação Profissional e Tecnológica. Conselho Nacional de Educação. Câmara Nacional de Educação Básica. **Diretrizes Curriculares Nacionais da Educação Básica**. Brasília: MEC, SEB, Dicei, 2013. Disponível em: <http://portal.mec.gov.br/index.php?option=com_docman&view=download&alias=15548-d-c-n-educacao-basica-nova-pdf&Itemid=30192>. Acesso em: 17 jun. 2016.

BRASIL ESCOLA. **Mangá**. Disponível em: <http://www.brasilescola.com/artes/o-que-e-manga.htm>. Acesso em: 24 fev. 2016.

CARDOSO, C. Os estereótipos: como exterminar esses vilões da criatividade! **Arte e Educação**, 13 ago 2008. Disponível em: <http://profe-carol-artes.blogspot.com.br/2008/08/os-esteretipos-como-exterminar-esses.html>. Acesso em: 17 jun. 2016.

CASA TRIÂNGULO. **Sandra Cinto**. São Paulo, 2016. Catálogo de exposições individuais. Disponível em: <http://casatriangulo.com/media/pdf/sandra_cinto_portfolio_2016_web_4.pdf>. Acesso em: 17 jun. 2016.

CATALDI, B. Storyboard: o quadro a quadro da história. **Anima Mundi**, [s.l.], 30 maio 2012. Disponível em: <http://www.animamundi.com.br/storyboard-o-quadro-a-quadro-da-historia>. Acesso em: 17 jun. 2016.

CHIARELLI, T. **Catálogo Sandra Cinto**. São Paulo: Laserprint, 2002.

DANIEL SENISE. Disponível em: <http://www.danielsenise.com/daniel-senise/home>. Acesso em: 17 jun. 2016.

DERDYK, E. (Org.). **Disegno. Desenho. Desígnio**. São Paulo: Senac-SP, 2007.

_____. **Formas de pensar o desenho**: desenvolvimento do grafismo infantil. 2. ed. São Paulo: Scipione, 1994. (Série Pensamento e Ação no Magistério).

_____. **Linha de costura**. São Paulo: Iluminuras, 1997.

DIAS, J. G. de S.; MENTA, E. Kandinsky e a música. **Portal do Professor**, [s.l], 23 abr. 2009. Disponível em: <http://portaldoprofessor.mec.gov.br/fichaTecnicaAula.html?aula=1973>. Acesso em: 17 jun. 2016.

DONDIS, D. A. **Sintaxe da linguagem visual**. 2. ed. São Paulo: M. Fontes, 2000.

DUCHAMP, M. O ato criador. In: BATTCOCK, Gregory (Org.). **A nova arte**. São Paulo: Perspectiva, 1986. (Coleção Debates). p. 71-74.

EDWARDS, B. **Desenhando com o lado direito do cérebro**. 12. ed. Rio de Janeiro: Ediouro, 1984.

ENCICLOPÉDIA ITAÚ CULTURAL. **Arte conceitual**. Disponível em: <http://enciclopedia.itaucultural.org.br/termo3187/arte-conceitualhttp://enciclopedia.itaucultural.org.br/termo3187/arte-conceitual> Acesso em: 17 jun. 2016a.

_____. **Arte moderna**. Disponível em: <http://enciclopedia.itaucultural.org.br/termo355/arte-moderna>. Acesso em: 17 jun. 2016b.

_____. **Cubismo**. Disponível em: <http://enciclopedia.itaucultural.org.br/termo3781/cubismo>. Acesso em: 17 jun. 2016c.

_____. **Daniel Senise**. Disponível em: <http://enciclopedia.itaucultural.org.br/pessoa8971/daniel-senise>. Acesso em: 17 jun. 2016d.

_____. **Evandro Carlos Jardim**. Disponível em: <http://enciclopedia.itaucultural.org.br/pessoa1939/evandro-carlos-jardim>. Acesso em: 18 jun. 2016e.

_____. **Expressionismo abstrato**. Disponível em: <http://enciclopedia.itaucultural.org.br/termo3785/expressionismo-abstrato>. Acesso em: 19 jun. 2016f.

_____. **Gil Vicente**. Disponível em: <http://enciclopedia.itaucultural.org.br/pessoa7660/gil-vicente>. Acesso em: 20 jun. 2016g.

_____. **Hélio Oiticica**. Disponível em: <http://enciclopedia.itaucultural.org.br/pessoa48/helio-oiticica>. Acesso em: 17 jun. 2016h.

_____. **Leonilson**. Disponível em: <http://enciclopedia.itaucultural.org.br/pessoa8742/leonilson>. Acesso em: 17 jun. 2016i.

_____. **Ready-made**. Disponível em: <http://enciclopedia.itaucultural.org.br/termo5370/ready-made>. Acesso em: 17 jun. 2016j.

_____. **Regina Silveira**. Disponível em: <http://enciclopedia.itaucultural.org.br/pessoa8084/regina-silveira>. Acesso em: 17 jun. 2016k.

ENCICLOPÉDIA ITAÚ CULTURAL. **Renascimento**. Disponível em: <http://enciclopedia.itaucultural.org.br/termo3637/renascimentohttp://enciclopedia.itaucultural.org.br/termo3637/renascimento>. Acesso em: 17 jun. 2016l.

_____. **Vik Muniz**. Disponível em: <http://enciclopedia.itaucultural.org.br/pessoa9203/vik-muniz>. Acesso em: 17 jun. 2016m.

ETCHEPARE, M. R. de. **Desenho**: um instrumento de trabalho. Porto Alegre: Pallotti, 2004.

GALERIA NARA ROESLER. **Brígida Baltar**. Disponível em: <http://www.nararoesler.com.br/artists/34-brgida-baltar>. Acesso em: 17 jun. 2016.

GIANNOTTI, M. Andy Warhol ou a sombra da imagem. **ARS (São Paulo)**, v. 2, n. 4, p. 117-126, 2004. Disponível em: <http://www.scielo.br/pdf/ars/v2n4/08.pdf>. Acesso em: 17 jun. 2016.

GOMBRICH, E. H. **Arte e ilusão**: um estudo da psicologia da representação. 3. ed. São Paulo: M. Fontes, 1995.

GROSENICK, U. **Art Now**. Colónia: Taschen, 2005.

GRUPO DE PESQUISA VILÉM FLUSSER. **Sobre Vilém Flusser**. Disponível em: <http://www.grupovilemflusser.ufc.br/index.php?option=com_content&view=article&id=11&Itemid=17>. Acesso em: 17 jun. 2016.

HALLAWELL, P. **À mão livre 2**: técnicas de desenho. São Paulo: Melhoramentos, 1996.

_____. **À mão livre**: a linguagem do desenho. São Paulo: Melhoramentos, 1994.

HEIKE WEBER. Disponível em: <http://www.heikeweber.net/index.html>. Acesso em: 17 jun. 2016.

HERKENHOFF, P. **Catálogo da exposição Drawing, da artista plástica Louise Bourgeois**. Centro Cultural Light. Rio de Janeiro, 1997.

HERNÁNDEZ, F. **Cultura visual, mudança educativa e projeto de trabalho**. Porto Alegre: Artes Médicas Sul, 2000.

HOMEM VITRUVIANO: entenda a obra de Leonardo da Vinci. **News Rondônia**, Porto Velho, 12 fev. 2012. Disponível em: <http://www.newsrondonia.com.br/noticias/homem+vitruviano+entenda+a+obra+de+leonardo+da+vinci/14077>. Acesso em: 17 jun. 2016.

IAVELBERG, R. Construção de conhecimento artístico e didático na formação de professores. **Revista Palíndromo 1**: Revista do Programa de Pós-Graduação em Artes Visuais da Universidade Estadual de Santa Catarina, Florianópolis, p. 20-40, 2009.

_____. **Desenho na educação infantil**. São Paulo: Melhoramentos, 2013. (Coleção Como eu ensino).

_____. **O desenho cultivado na criança**: prática e formação de educadores. Porto Alegre: Zouk, 2006.

ITAÚ CULTURAL. **Incentivo fiscal para a cultura**. Glossário. Disponível em: <http://novo.itaucultural.org.br/obsglossario/incentivo-fiscal-para-a-cultura>. Acesso em: 17 jun. 2016.

JIMENEZ, M. **O que é estética?** São Leopoldo: Ed. Unisinos, 1999.

KANDINSKY, W. **Ponto e linha sobre plano**. São Paulo: M. Fontes, 1997.

LINS, R. **Projetos gráficos comentados**. São Paulo: Solisluna, 2010.

LIZÁRRAGA, A.; PASSOS, M. J. S. T. Havia uma linha esperando por mim: conversas com Lizárraga. In: DERDYK, E. (Org.). **Disegno. Desenho. Desígnio**. São Paulo: Senac SP, 2007. p. 65-79.

LUBART, T. **Psicologia da criatividade**. São Paulo: Artmed, 2007.

MAIA, O. A expressão da arte. **Materiais p/desenho. Esfuminho**. Disponível em: <https://dessiner.wordpress.com/passo-a-passo/materiais-para-desenho>. Acesso em: 17 jun. 2016.

MATHOSO, H. Papéis [materiais para desenho]. **Desenho, pintura e ensaios**, [s.l], [s.d]. Disponível em: <http://ensaiododesenho.blogspot.com.br/2010/09/papeis-materiais-para-desenho.html>. Acesso em: 17 jun. 2016.

MAYER, R. **Manual do artista de técnicas e materiais**. 2. ed. São Paulo: M. Fontes, 1999.

MENEZES, M. P. de. A arte contemporânea como fundamento para a prática do ensino de artes. In: ENCONTRO NACIONAL DA ASSOCIAÇÃO NACIONAL DE PESQUISADORES DE ARTES PLÁSTICAS. DINÂMICAS EPISTEMOLÓGICAS EM ARTES VISUAIS, 16., 2007, Florianópolis. **Anais**... Rio Grande do Sul, 2007. p. 1002-1011.

MOMA – Museum of Modern Art. **Jackson Pollack**. Disponível em: <http://www.moma.org/collection/artists/4675?locale=pt>. Acesso em: 17 jun. 2016.

MONTENEGRO, G. A. **Desenho arquitetônico**. 4.ed. São Paulo: Edgard Blücher, 2001.

MORAES, A. de (Org.). **Regina Silveira**: cartografias da sombra. São Paulo: Edusp, 1995.

MOREIRA, L. 2ª dica: rascunhos. **Descobre Design**, 1º fev. 2013. Disponível em: <http://inspiracaodesign.blogspot.com.br/2013/02/2-dica-rascunhos.html>. Acesso em: 17 jun. 2016.

NAVES, R. **A forma difícil**: ensaios sobre arte brasileira. São Paulo: Companhia das Letras, 1996.

OLIVEIRA, M. O. de. **A perspectiva da cultura visual, o endereçamento e os diários de aula como elementos para pensar a formação inicial em artes visuais**. p. 988-1000. 2011. Disponível em: <http://www.anpap.org.br/anais/2011/pdf/ceav/marilda_oliveira_de_oliveira.pdf>. Acesso em: 17 jun. 2016.

OSTROWER, F. P. **Universos da arte**. 13. ed. Rio de Janeiro: Campus, 1983.

PADILHA, H. A representação do espaço através do desenho. **Blog da Psicologia da Educação**, 22 ago. 2008. Disponível em: <http://www.ufrgs.br/psicoeduc/piaget/a-representacao-do-espaco-atraves-do-desenho/>. Acesso em: 24 fev. 2016.

PAIVA, A. V. de; CARDOSO, L. C. R. A importância do desenho infantil no processo de alfabetização. **Pedagogia Plena**, 27 dez. 2012. Disponível em: <http://pedagogiaplena.blogspot.com.br/2012/12/a-importancia-do-desenho-infantil-no.html>. Acesso em: 17 jun. 2016.

PARANÁ. Secretaria de Estado da Educação. Departamento de Educação Básica. **Diretrizes Curriculares da Educação Básica**. Arte. 2008. Disponível em: <http://www.educadores.diaadia.pr.gov.br/arquivos/File/diretrizes/dce_arte.pdf>. Acesso em: 17 jun. 2016.

PEDROSA, I. **O universo da cor**. Rio de Janeiro: Senac Nacional, 2008.

RIVERA, T. Hélio Oiticica. A criação e o comum. **Viso** – Cadernos de estética aplicada – Revista eletrônica de estética, [s.l], n. 7, jul-dez/2009. Disponível em: <http://www.revistaviso.com.br/pdf/Viso_7_TaniaRivera.pdf>. Acesso em: 17 jun. 2016.

SALLES, C. A. **Arquivos de criação**: arte e curadoria. Vinhedo: Horizonte, 2010.

_____. Desenhos da criação. In: DERDYK, E. (Org.). **Disegno. Desenho. Desígnio**. São Paulo: Senac SP, 2007. p. 33-44.

TANURE, A. C. Proporção áurea e sequência de Fibonacci. **Pegasus Portal**, [s.d.]. Disponível em: <http://pegasus.portal.nom.br/proporcao-aurea-e-sequencia-de-fibonacci>. Acesso em: 17 jun. 2016.

THE METROPOLITAN MUSEUM OF ART. Heilbrunn Timeline of Art History. **Albrecht Dürer (1471-1528)**. Disponível em: <http://www.metmuseum.org/toah/hd/durr/hd_durr.htm>. Acesso em: 17 jun. 2016.

THE NATIONAL GALLERY. **Rembrandt**. <http://www.nationalgallery.org.uk/artists/rembrandt> Acesso em: 28 abr. 2016.

TIBURI, M.; CHUÍ, F. **Diálogo/desenho**. São Paulo: Senac SP, 2010.

TINÉ, E. **Tipos de borracha**. **Eliana Tiné**, 28 maio 2011. Disponível em: <http://www.elianatine.com.br/tipos-borracha/>. Acesso em: 24 fev. 2016.

TKNIKA. **Escala tonal**. Disponível em: <https://01c561e8f8af82606b010976a09339775ed9462c.googledrive.com/host/0BzG_MQFQPN0UbmxydXNKMmtLdTg/escala_tonal.html>. Acesso em: 17 jun. 2016.

TOSETTO, J. **Residência Barcellos no Jardim Alto da Boa Vista em Paulínia**: 2013/2014. Disponível em: <http://www.jeantosetto.com/2014/07/barcellos.html>. Acesso em: 24 fev. 2016.

_____. **Residência Schönenberger no Residencial Paineiras em Paulínia**: 2007. Disponível em: <http://www.jeantosetto.com/2010/07/schonenberger.html>. Acesso em: 17 jun. 2016.

VALÉRY, P. **Degas, dança, desenho**. São Paulo: Cosac & Naify, 2003.

_____. **Variedades**. São Paulo: Iluminuras, 1999.

WÖLFFLIN, H. **Conceitos fundamentais da história da arte**: o problema da evolução dos estilos na arte mais recente. 4. ed. São Paulo: M. Fontes, 2000.

Bibliografia comentada

ARCHER, M. **Arte contemporânea**: uma história concisa. São Paulo: M. Fontes, 2001.

> Nessa obra, Archer realiza um panorama da história da arte nas décadas de 1960 e 1970, período de enfraquecimento das linguagens artísticas tradicionais (pintura, desenho, gravura, escultura etc.) e de surgimento de novas manifestações artísticas, como as *performances*, a videoarte, a bodyarte. Tomando o minimalismo, a *art pop* e a arte conceitual, o autor menciona os principais acontecimentos históricos e relaciona os movimentos artísticos surgidos durante esse período de desmaterialização do objeto artístico e que propõem uma nova relação entre obra e espectador.

DONDIS, D. A. **Sintaxe da linguagem visual**. 2. ed. São Paulo: M. Fontes, 2000.

> O livro traz uma abordagem relevante acerca da imagem como meio de comunicação, tratando sobre as primeiras inscrições da Pré-História até os meios mais sofisticados da atualidade. A autora também comenta sobre os elementos que integram o alfabeto visual e as diferentes maneiras de articulá-los para que possamos nos comunicar com as imagens. Outro aspecto importante é que o livro traz um breve relato sobre a divisão histórica entre as belas-artes e as artes aplicadas.

HALLAWELL, P. **À mão livre**: a linguagem do desenho. São Paulo: Melhoramentos, 1994.

_____. **À mão livre 2**: técnicas de desenho. São Paulo: Melhoramentos, 1996.

> Essas duas obras se complementam e são fundamentais para o conhecimento das principais técnicas de desenho, utilizadas tanto nas artes visuais quanto nas artes

aplicadas. Os livros são extremamente didáticos, trazendo cada procedimento técnico com explicações detalhadas (passo a passo) acompanhadas por imagens. Além disso, é possível conhecer os mais importantes materiais gráficos utilizados no desenho, assim como os diferentes suportes para a realização dos trabalhos artísticos ou profissionais (técnicos).

WÖLFFLIN, H. **Conceitos fundamentais da história da arte**: o problema da evolução dos estilos na arte mais recente. 4. ed. São Paulo: M. Fontes, 2000.

O livro de Wölfflin trata dos dois principais movimentos artísticos da história da arte ocidental: o Renascimento e o barroco. O autor traz uma detalhada explanação acerca das características formais de cada período artístico, estabelecendo contrapontos entre um e outro e contextualizando-os historicamente. É possível, assim, vislumbrar as principais especificidades desses movimentos e constatar que o Renascimento se caracteriza pelo aspecto linear (razão) e o barroco, pelo aspecto pictórico (subjetivo), refletindo diretamente o pensamento de suas épocas.

Respostas

Capítulo 1

Atividades de autoavaliação
1. c, d
2. d
3. b, c, d
4. d
5. a

Capítulo 2

Atividades de autoavaliação
1. d, c, a, b
2. a
3. a, b
4. b
5. b, a, b, a

Capítulo 3

Atividades de autoavaliação
1. c
2. d
3. d
4. a, b, d
5. V, V, V, V

Capítulo 4

Atividades de autoavaliação
1. a
2. d, c, a, b
3. c
4. a, b, c
5. F, V, V, V

Capítulo 5

Atividades de autoavaliação
1. c
2. b
3. b, a, b, a
4. a, b, d
5. F, V, V, V

Capítulo 6

Atividades de autoavaliação
1. a, d
2. b
3. c
4. V, V, F, F
5. a

Créditos das imagens da Questão 2 do Capítulo 4 (p. 148):
a.1) © Succession Alberto Giacometti (Fondation Alberto et Annette Giacometti, Paris/ADAGP, Paris/AUTVIS, Brasil, 2016. Crédito da imagem: © 2016. Image copyright The Metropolitan Museum of Art/Art Resource/Scala, Florence
a.2) © Succession Alberto Giacometti (Fondation Alberto et Annette Giacometti, Paris/ADAGP, Paris/AUTVIS, Brasil, 2016. Crédito da imagem: Akg-Images/Latinstock
c) © Dine, Jim/AUTVIS, Brasil, 2016

Sobre a autora

Elisa Kiyoko Gunzi é mestre em Artes Visuais pela Universidade Federal do Rio Grande do Sul (UFRGS), na linha de Poéticas Visuais, especialista em História da Arte Moderna e Contemporânea e graduada em Pintura pela Escola de Música e Belas Artes do Paraná (Embap). Também é graduada em Psicologia pela Pontifícia Universidade Católica do Paraná (PUCPR).

Atualmente, leciona disciplinas relacionadas às artes visuais e à fotografia em cursos de graduação e pós-graduação nas modalidades presencial e a distância. Trabalha como coordenadora de curso de pós-graduação na modalidade presencial em uma instituição

Impressão:
Setembro/2016